Cómo combatir la ansiedad y el pánico

Elaine Sheehan

Cómo combatir la ansiedad y el pánico

EL PEQUEÑO LIBRO PRÁCTICO
Ediciones Martínez Roca, S. A.

Traducción de Albert Solé

Título original: *Anxiety, Phobias & Panic Attacks*

Enric Granados, 84, 08008 Barcelona
ISBN 84-270-2258-1
Depósito legal B. 29.508-1997
Fotocomposición de Pacmer, S. A., Alcolea, 106-108, 08014 Barcelona
Impreso por Romanyà Valls, S. A., Verdaguer, 1, Capellades (Barcelona)

Impreso en España – Printed in Spain

Dedicado a mi esposo Mark

Índice

Agradecimientos

He de expresar mi gratitud a mis profesores y, en particular, a mis clientes, recuperados y en proceso de recuperación, que son una fuente inapreciable de nuevos conocimientos; y mi agradecimiento especial a quienes me han permitido que los citara en esta obra. (Se han usado nombres falsos para proteger sus identidades.) También me gustaría reconocer la deuda que he contraído con mi esposo, el doctor Mark Sheehan, por su apoyo mientras escribía este libro, y por su contribución al apartado sobre la digitopuntura (capítulo 9).

Estoy convencida de que estas técnicas han cambiado por completo mi vida. Ahora me siento mucho más feliz y tengo mucha más confianza en el futuro.

Julia

Introducción

El espíritu de la autoayuda es la raíz de todo auténtico desarrollo individual... La ayuda procedente del interior siempre da nuevas fuerzas.

Samuel Smiles

Las manifestaciones de la ansiedad pueden ir desde una leve inquietud hasta verdaderos ataques de pánico y fobias. La ansiedad está presente en las vidas de todos hasta cierto punto, por lo que cualquier persona puede beneficiarse de este libro. Cuando tu problema no es demasiado grave o te resulta difícil disponer de la ayuda de un terapeuta profesional, o si meramente estás interesado en averiguar hasta dónde puedes mejorar las cosas por ti mismo, la terapia autocorrectora puede ser una solución digna de ser tomada en consideración.

Este libro no pretende eliminar por completo la ansiedad. Eso no debería hacerse y, en realidad, no puede hacerse. Una cierta cantidad de ansiedad en la vida resulta útil, porque nos estimula a resolver los problemas que se ocultan debajo de nuestras tensiones. El objetivo principal de esta obra es ayudarte a desarrollar unos mecanismos de defensa que te permitan enfrentarte a tus problemas, de tal manera que la ansiedad pueda ser mantenida bajo control dentro de un nivel razonable y sano.

CAPÍTULO 1

La naturaleza de la ansiedad

La inmensa mayoría de la humanidad lleva una existencia de callada desesperación.

Henry David Thoreau

La ansiedad ha sido descrita en muchas ocasiones como un fenómeno moderno. No cabe duda de que ahora somos mucho más conscientes que nunca de los efectos que puede llegar a tener sobre nuestras vidas. Nadie es inmune a ella, y de vez en cuando todos sentimos ansiedad. El nivel de ansiedad que un individuo está experimentando en un momento dado se reflejará en el comportamiento de esa persona. Dependiendo del grado de ansiedad, el efecto puede ser positivo o negativo.

Como muestra la figura 1, un grado de ansiedad leve puede servir para estimular nuestras capacidades o, más específicamente y en el caso de una tarea determinada, para que seamos más capaces de enfrentarnos a ella con éxito. La eficiencia va mejorando de manera proporcional al incremento de la ansiedad hasta que se llega a un cierto nivel, más allá del cual un nuevo incremento de la ansiedad causa una desintegración completa de la eficiencia. En consecuencia, un fuerte grado de ansiedad puede tener un efecto notablemente incapacitante sobre la conducta.

LA RESPUESTA «LUCHAR O HUIR» Y LA ANSIEDAD

Cuando se enfrenta a circunstancias adversas, la respuesta normal del cuerpo es prepararse a sí mismo para la acción: se prepara para enfrentarse al peligro o para huir de él. Esto es lo que se conoce como respuesta de «luchar o huir». Consiste en una reacción esencialmente protectora que estimula el sistema nervioso simpático (el cual forma parte del sistema nervioso autónomo) y que, entre otras, produce respuestas físicas como tensión muscular, un cambio en la manera de respirar y la aceleración del pulso. Esta respuesta puede darse ante cualquier amenaza inminente percibida por el individuo sin importar que ésta sea física, psicológica o imaginaria.

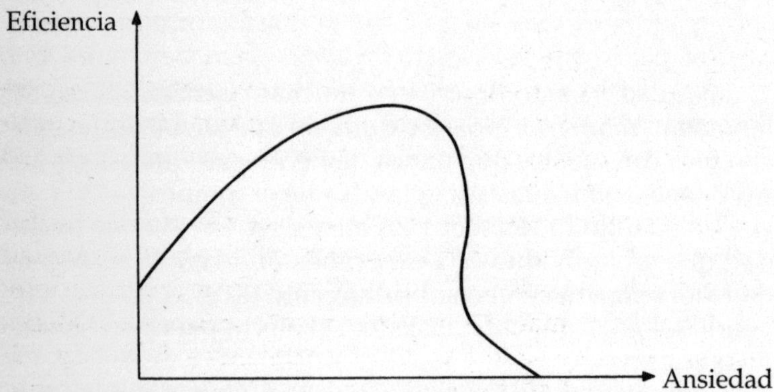

Figura 1 *Relación entre la ansiedad y el nivel de eficiencia*
(ley de Yerkes-Dodson, 1908)

Cuando nos enfrentamos a un peligro inminente *real*, que requiere adoptar una acción rápida y efectiva (por ejemplo, al ser atacados por alguien en la calle), la respuesta «luchar o huir» es adecuada y útil. Sin embargo, a veces la respuesta «luchar o huir» puede llegar a desencadenarse dentro del cuerpo incluso cuando no resulta adecuada a las circunstancias. En el mundo en el que vivimos existe un gran número de amenazas potenciales que pueden mantenerse presentes durante un período de tiempo bastante prolongado (por ejemplo, la tensión causada por la precariedad laboral y las presiones financieras). Normalmente la acción inmediata y una resolución rápida de la situación no son una opción factible en tales circunstancias, y en consecuencia los intentos persistentes de enfrentarse a ellas mediante la respuesta «luchar o huir» no sólo carecen de justificación, sino que pueden hacer que el cuerpo acabe teniendo que soportar una tensión innecesaria.

En algunas personas esta activación inadecuada de la respuesta «luchar o huir» sólo se da periódicamente, y queda limitada a breves períodos de tensión e inquietud. Pero en otros casos, es su respuesta cotidiana al estrés. Los sistemas nerviosos simpáticos de estas personas parecen ser particularmente sensibles y hallarse en un estado continuo de activación, por lo que reaccionan de la misma manera tanto ante las situaciones o acontecimientos que requieren una acción instantánea como ante la percepción de una tensión continuada. Esto puede acabar llevando a un estado de ansiedad crónica.

Las manifestaciones físicas de la ansiedad pueden incluir palpitaciones, opresión en el pecho, sudoración, sequedad de boca, un incremento del deseo de defecar u orinar, dolores de cabeza y mareo. Psicológicamente, quienes la padecen suelen hablar de síntomas como sentimientos de miedo, pánico e inquietud acompañados por una tendencia a permitir que sus pensamientos (cogniciones) queden dominados por temas de infortunio.

TRASTORNOS DE ANSIEDAD

Cuando una persona desarrolla manifestaciones físicas y fisiológicas de ansiedad en ausencia de un estímulo provocador, es probable que padezca un trastorno de ansiedad.

Stafford-Clark y cols. (1990) definen un trastorno de ansiedad de la manera siguiente: «Un estado de ansiedad e inquietud continuas e irracionales, que ocasionalmente pueden agudizarse hasta convertirse en un miedo agudo próximo al pánico, acompañado por síntomas de perturbación autónoma; con efectos secundarios sobre otras funciones mentales, como la concentración, la atención, la memoria y la capacidad de raciocinio».

Los autores del *Diagnostic and Statistical Manual of Mental Disorders III* (1987) estimaron que entre un 2 y un 4 por ciento de la población ha experimentado un trastorno de ansiedad en algún momento u otro. Ahora examinaremos más detalladamente cinco de esos trastornos: el trastorno de ansiedad generalizada, el trastorno de pánico, el trastorno de pánico con agorafobia, la fobia social y la fobia simple.

Trastorno de ansiedad generalizada (TAG)

> *Antes solía describirme diciendo que era un «sufridor nato». Siempre estaba pensando en qué-pasaría-si, y esperando que las cosas salieran mal. Después las cosas nunca iban tan mal como yo me había temido, claro, pero eso no impedía que procurase evitar cualquier situación complicada o que pudiera crearme tensiones.*
>
> John

El TAG consiste en experimentar niveles de ansiedad persistentemente elevados durante un período de más de seis meses. Los síntomas pueden incluir tensión muscular crónica, hiperactividad autoperpetuante, temor e inquietud causada por preocupaciones que no tienen ningún fundamento real. Generalmente el foco de ansiedad se encuentra en dos o más circunstancias vitales, como por ejemplo el trabajo, la situación financiera o la enfermedad. Aunque los niveles de ansiedad fluctúan, habiendo algunos días mejores que otros, la ansiedad siempre está presente en la mente de la persona. Los individuos que padecen TAG suelen tener un concepto bastante pobre de sí mismos, y pueden mostrarse particularmente sensibles a las críticas, el rechazo o el ser ignorados.

Las personas aquejadas de TAG generalmente se comportan de maneras que no les permiten resolver sus problemas vitales. Tienden a mostrar un temor excesivo a las situaciones que pueden causar ansiedad, y tratan de evitarlas. También cabe la posibilidad de que el llenarse la cabeza de preocupaciones que no se corresponden con la realidad sea un medio de huida que desvía la atención de las imágenes y pensamientos relacionados con una situación temida o un problema real. Eso impediría que el procesamiento de las emociones se llevara a cabo de una manera realmente efectiva, lo que a su vez ayudaría a mantener la ansiedad generalizada.

Trastorno de pánico

> *Cada noche me iba a dormir con la televisión y la luz del dormitorio encendidas, en un intento de evitar los ataques de pánico que se adueñaban de mí. Mi corazón latía tan deprisa y con tanta violencia que sentía como si fuera a salir despedido de mi cuerpo. Me quedaba sin aliento, temblaba y me entraban sudores fríos. Me sentía terriblemente sola, y me parecía que no había nadie en todo el mundo que estuviera sufriendo tanto como yo. Si no se ha experimentado personalmente, es casi imposible entender lo que se siente en esos momentos.*
>
> Catherine

El ataque de pánico consiste en experimentar, de manera totalmente injustificada y fuera de lugar, el estado de excitación intenso que, en circunstancias normales, sería producido por el cuerpo como preparativo para enfrentarse a un peligro real o huir de él. Esta respuesta excesiva del sistema nervioso autónomo puede hacer que quien la padece experimente los síntomas físicos asociados con la respuesta «luchar o huir» en situaciones cotidianas completamente inofensivas.

En los trastornos fóbicos los ataques de pánico pueden producirse en respuesta a objetos, actividades o situaciones

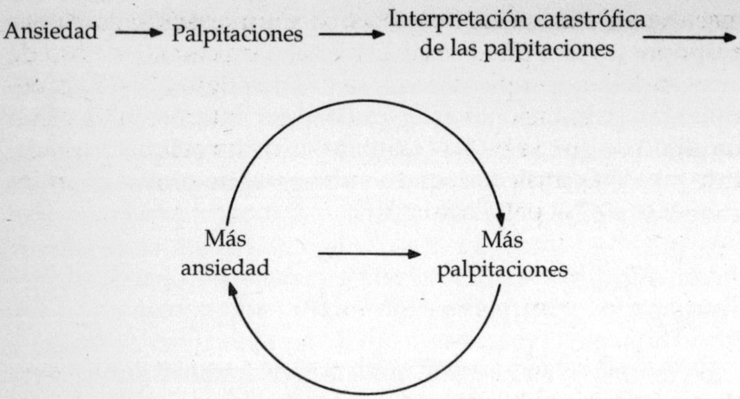

***Figura* 2** *El círculo vicioso de la ansiedad causado por la interpretación equivocada de sensaciones corporales como las palpitaciones*

determinadas. Sin embargo, también pueden aparecer sin ningún estímulo externo en personas que padezcan trastornos fóbicos y en las que padecen el trastorno de pánico. Ésta es la razón por la que muchas personas creen que los ataques de pánico pueden ser de origen biológico.

Coryell y Winkur (1991) observan que hay numerosos indicios que sugieren que muchos, quizá incluso la mayoría, de los ataques de pánico son causados por pautas psicológicas internas del pensamiento. Por ejemplo, muchas personas que sufren ataques de pánico llegan a ponerse muy tensas porque siempre están pensando en las situaciones que provocan el miedo, y porque esperan con un nerviosismo cada vez mayor el próximo ataque de pánico («miedo del miedo»). También pueden sentirse inclinadas a interpretar los procesos que están teniendo lugar dentro de sus cuerpos de una manera irracional y catastrófica. Esto puede dar como resultado problemas como el miedo a desmayarse, o el miedo a perder el control y ponerse en ridículo, o incluso el miedo a sufrir un ataque cardíaco y morir.

La persona que padece un trastorno de pánico puede llegar a sentir una creciente preocupación por sus sensaciones corporales, y eso puede acabar creando un círculo vicioso de ansiedad. Por ejemplo, y como se ve en la figura 2, si se experimentan palpitaciones éstas pueden ser interpretadas como un signo de que se está a punto de sufrir un ataque cardíaco. Esto crea más ansiedad, que a su vez puede provocar un incremento de las palpitaciones.

Trastorno de pánico con agorafobia

Dos meses después de haber experimentado mi primer ataque de pánico ya era totalmente incapaz de llevar una vida «normal». Situaciones cotidianas como ir al supermercado o a un restaurante me llenaban de inquietud, y hacían que mi corazón empezara a latir más deprisa y que sintiera la necesidad de marcharme de donde fuese que estuviera para ir al lavabo. Acabé no saliendo de casa. No podía enfrentarme al trabajo, y ni siquiera podía soportar la compañía de mis amistades. Todo me parecía demasiado complicado y difícil. Tenía la sensación de estar enloqueciendo. Lo peor era no saber qué me ocurría, y el no entender lo que me estaba pasando.

David

Las fobias pueden ser definidas como miedos excesivos, incontrolables y carentes de fundamento real que son provocados por objetos, actividades o situaciones determinadas. Difieren del miedo corriente en que son irracionales, persisten durante un período de tiempo prolongado e impulsan a huir de lo que las provoca. El término «agorafobia» procede de las palabras griegas *phobos* («miedo pánico») y *agora* («mercado»), por lo que puede ser traducido como «miedo a los lugares públicos». Es bastante corriente que quienes la padecen también experimenten ataques de pánico.

A diferencia de lo que ocurre en otros estados fóbicos, la agorafobia va acompañada por una sensación de inseguridad más general. El miedo a los lugares llenos de gente de los que puede resultar difícil huir, o a los sitios aislados donde no es posible encontrar ayuda, impulsa a mantenerse lo más lejos posible de ellos. Muchas de las personas que la padecen pueden acabar prisioneras dentro de sus hogares, y algunas incluso llegan a tener miedo de estar solas en su casa.

Fobia social

Me sonrojaba con mucha facilidad, y solía sentirme incómoda en todas las situaciones de naturaleza social. Tenía la impresión de que todo el mundo me estaba mirando y de que todos pensaban que era estúpida y boba. Siempre hacía un meticuloso análisis mental previo de todas las contribuciones que podía hacer a la conversación. Pero después me pasaba la mayor parte del tiempo sentada sin abrir la boca, convencida de que no tenía nada que decir e intentando encontrar alguna manera de huir sin llamar demasiado la atención. Llegué a estar tan mal que no iba al supermercado porque temía encontrarme con algún conocido.

Jean

Las personas que padecen fobia social sienten temor ante varias situaciones que las obligan a relacionarse con otras personas. La característica más común de esta fobia es el miedo a ponerse en ridículo o mostrarse visiblemente nervioso cuando se está siendo observado por otra persona. Algunas de las personas que la padecen también pueden experimentar ataques de pánico. Actividades como ir a restaurantes, bares o fiestas pueden llegar a ser evitadas.

Fobia simple

Que yo recuerde, el volar siempre me ha puesto muy nerviosa. Creo que una de las razones es que a mi padre le daba mucho miedo ir en avión. Subí a un avión por primera vez cuando tenía 21 años. Era un vuelo a Portugal, ¡y logré aguantarlo tomándome varias copas durante el viaje! Al año siguiente conseguí evitar el tener que ir de vacaciones porque había tenido un bebé, y porque en realidad no podíamos permitírnoslo. Al año siguiente volvimos a ir a Portugal, y esta vez la experiencia fue todavía peor porque ya sabía lo horrible que me iba a resultar el vuelo. Después de eso llegué a tener tanto miedo a volar que decidí no volver a poner los pies en un avión. Cada año íbamos a un camping en Francia. Viajar en el transbordador no me asustaba en lo más mínimo, pero la mera idea de tener que volver a volar me daba pánico.

Angela

En la fobia simple el miedo se dirige hacia un objeto, actividad o situación determinada, que pasan a evitarse. Este tipo de fobia no interfiere excesivamente en la vida de la persona. ¡Por alguna razón inexplicable, las fobias simples siempre parecen recibir nombres muy complicados! La figura 3 ofrece una lista de algunas de las más comunes.

Nombre de la fobia	*Miedo*
Acrofobia	Alturas
Aerofobia	Volar
Ailurofobia	Gatos
Aracnofobia	Arañas
Astrofobia	Rayo
Belonofobia	Agujas
Claustrofobia	Espacios cerrados
Hematofobia	Sangre
Hipofobia	Caballos
Musofobia	Ratones
Escolionofobia	Escuela

Figura 3 *Algunas fobias simples comunes*

CAPÍTULO 2

¿Cuáles son las causas de los trastornos de ansiedad?

Actualmente la infelicidad, la ansiedad y las depresiones son más comunes que en ningún momento anterior de nuestra historia.

Vernon Coleman

No existe ninguna explicación individual satisfactoria que aclare cuál es la causa de los trastornos de ansiedad. Si se quiere tratar de entender cómo se desarrollan, hay que explorar varios factores. Los más importantes son la predisposición genética, la educación recibida durante los primeros años de vida, los conflictos internos, la ansiedad como respuesta aprendida, los factores físicos, el discurso interior, la manera de enfrentarse a los problemas y los determinantes sociales. Llegar a explicar satisfactoriamente las causas de los trastornos de ansiedad probablemente exigirá tomar en consideración todos estos factores.

Predisposición genética

Después de repasar la literatura pertinente, Snaith (1991) llega a la conclusión de que las investigaciones sugieren que puede existir un componente heredado de susceptibilidad a la ansiedad. Cuanto más «vulnerable» a ella sea un individuo en este aspecto, menos estrés se necesitará para desencadenar un trastorno de ansiedad. En algunas personas el estrés cotidiano puede bastar para provocar una fuerte ansiedad.

Quienes carecen de esa predisposición tendrán que verse sometidos a un estrés extremado antes de llegar a desarrollar un estado de ansiedad.

Educación inicial

La capacidad para combatir el estrés también puede estar influida por la educación que se haya recibido. Por ejemplo, si los padres son inseguros y excesivamente protectores y consideran que el mundo es un lugar aterrador, sus hijos pueden acabar experimentando temores irracionales. No haber logrado formar una relación afectuosa con una o más personas primarias durante los primeros años de existencia puede acabar produciendo una ansiedad perpetua alimentada por el miedo al abandono o al rechazo (Bowlby, 1973).

Conflictos internos

La teoría psicoanalítica, que se origina en la obra de Freud, sugiere que la ansiedad aparece cuando existe un conflicto interno entre el instinto y el adiestramiento social y la consciencia. El conflicto puede ser conocido de manera consciente por quien lo padece o no serlo. Las fobias podrían ser una representación simbólica de la confusión interior resultante. La falta de mecanismos adecuados para enfrentarse a los problemas vitales puede acabar llevando a ciertos individuos a una situación en la que intenten ignorar o negar el conflicto. Dichos individuos establecen una relación entre la ansiedad asociada al conflicto y un objeto, actividad o situación externa que resulte más fácil de evitar.

La ansiedad como respuesta aprendida

En el caso de los trastornos fóbicos de ansiedad en particular, es posible que en algunas personas el surgimiento de la fobia esté asociado a un acontecimiento desagradable, traumático o aterrador. De esta manera, una respuesta de temor puede acabar quedando unida a través del condicionamiento con un estímulo del que normalmente no esperaríamos que provocara una respuesta de ansiedad.

Los psicólogos denominan «condicionamiento clásico» al proceso que tiene lugar cuando un organismo aprende que dos estímulos tienden a ir juntos. A principios de siglo, el Nobel ruso Ivan Pavlov llevó a cabo algunos experimentos muy interesantes en esta área. Pavlov observó que un perro podía aprender a asociar la visión de la comida con su sabor. Al ver la comida el perro empezaba a salivar, una respuesta que normalmente sólo se produce cuando la comida es colocada dentro de su boca. Posteriormente Pavlov demostró que un perro podía ser enseñado a asociar la comida con otros estímulos.

Uno de los experimentos de Pavlov consistía en encender una luz, ante lo que el perro no producía ninguna respuesta de salivación. Pasados unos momentos se le ofrecía un poco de carne y se le permitía comérsela, observándose una respuesta de salivación. Después de haber repetido este proceso muchas veces, se pasó a encender la luz sin ofrecer comida. El perro salivó a pesar de ello. La luz, que en circunstancias normales no habría producido una respuesta de salivación, había acabado siendo asociada con la carne.

Un estudio (de ética bastante dudosa) que demuestra específicamente cómo se puede desarrollar una fobia a través del condicionamiento clásico fue el llevado a cabo por Watson y Raynor (1920). Albert, un niño de once meses, daba grandes muestras de placer cuando se le enseñaba un conejito blanco. Mientras jugaba alegremente con el animal, los experimentadores produjeron repetidamente un ruido estridente detrás de la cabeza de Albert. El ruido le asustaba, y le hacía llorar cada vez que era producido. Los experimentadores acabaron llevándose el conejo. Poco después volvieron a ofrecérselo para que jugara con él, y Albert reaccionó echándose a llorar. El conejo, que inicialmente había producido una reacción de placer, había acabado siendo asociado con el miedo al ruido estridente.

Aunque algunas fobias pueden ser desarrolladas a través del condicionamiento, esta teoría –que se limita a unir la situación y el acontecimiento traumático con el surgimiento de la fobia– no parece ofrecer una explicación satisfactoria para todas las fobias.

Factores físicos

Cualquier enfermedad física puede generar una sensación de ansiedad. Esta reacción es totalmente natural. En cuanto la condición ha sido diagnosticada y tratada adecuadamente, la ansiedad que produce puede ir decreciendo. Sin embargo, ciertas enfermedades y fármacos pueden incrementar los efectos del sistema nervioso simpático y, en consecuencia, producir las manifestaciones físicas de la ansiedad. Por ejemplo:

- Un fallo cardíaco puede causar palpitaciones y dificultades para respirar. La taquicardia paroxística benigna también acelera el pulso de manera periódica.
- Ciertos estados metabólicos (como un bajo nivel de azúcar en la sangre o la acidosis metabólica) pueden causar un considerable incremento de la secreción de sudor (hiperhidrosis).
- Los desequilibrios endocrinos (como un exceso de actividad de la glándula tiroides) pueden causar palpitaciones.
- Ciertos fármacos pueden causar síntomas similares a los experimentados por quienes sufren trastornos de ansiedad: por ejemplo, los supresores del apetito de acción central (como el dietilpropión y la fentermina) y otros estimulantes del sistema nervioso central (como la cafeína).

Discurso interior

El discurso interior de una persona y la forma en que estructura su mundo pueden llegar a tener una gran influencia sobre su estado de ánimo y su conducta. En general, quienes padecen un trastorno de ansiedad tienden a hablarse a sí mismos de una manera negativa y llena de ansiedad. Por ejemplo, en la sección sobre la «ansiedad generalizada» se observó cómo el empeño persistente en albergar pensamientos de preocupación repetida carentes de un fundamento real puede, como mínimo, ayudar a mantener el trastorno. Asimismo, y como ya se dijo en la sección sobre el «trastorno de pánico», ciertos individuos parecen estar más inclinados a concentrar la atención en sus pensamientos y procesos corporales que en el mundo exterior. En este caso la ansiedad y el pánico no tienen su origen en lo que ha ocurrido, sino en los pensamientos negativos sobre lo que podría ocurrir.

Tanto si el ataque de pánico inicial tiene un componente físico como si carece de él, no parece haber ninguna duda de que la aprensión producida por la espera del próximo ataque de pánico y los pensamientos irracionales y llenos de miedo referentes a las sensaciones corporales pueden llegar a crear un círculo vicioso de ansiedad y, en consecuencia, acabar produciendo nuevos ataques de pánico. Un estudio llevado a cabo por Clark y cols. (1994) apoya esta teoría. Dicho estudio llegó a la conclusión de que la interpretación equivocada de las sensaciones corporales es el factor más significativo de predicción respecto a la aparición de síntomas subsiguientes y recaídas en los pacientes que padecen esta forma de trastorno de ansiedad.

Conducta ante los problemas

Las personas que padecen trastornos de ansiedad suelen tener graves dificultades para enfrentarse a los problemas cotidianos. En vez de afrontar las situaciones que generan temor y preocupación, lo que hacen es rehuirlas. Ese comportamiento sólo proporciona un alivio temporal y, a largo plazo, acaba empeorando la situación. Estas conductas pueden provocar ansiedad o ciclos de pánico-huida. El tratar de huir de los problemas puede causar más miedo y ansiedad, que a su vez refuerzan el deseo de huir de los problemas. Si las personas que están cerca del individuo toleran esta forma de vida crecientemente limitada, la conducta de huida puede acabar convirtiéndose en la opción más fácil.

Determinantes sociales

Por muy robusto que pueda parecer un individuo, si se ve sometido a un estrés lo suficientemente prolongado puede acabar llegando a un punto en el que se sienta incapaz de seguir soportándolo durante más tiempo. El estrés resulta particularmente evidente en momentos de cambio, cuando hay que enfrentarse al invariable trastorno de nuestro mundo que los acompaña. En este aspecto resulta interesante echar un vistazo a la escala de acontecimientos vitales construida en 1967 por Holmes y Rahe (véase la figura 4), que asigna valores a distintos acontecimientos vitales según el grado en el que pueden perturbar la vida de una persona.

No existe un acuerdo general sobre cuál es la importancia relativa de los acontecimientos vitales en la producción de los trastornos de ansiedad. Probablemente dependa de la vulnerabilidad al estrés del individuo, que a su vez estará influida por las circunstancias vitales y los otros factores de los que ya hemos hablado. Es más que probable que ciertos acontecimientos puedan cumplir la función de «la gota de agua que hace desbordar el vaso».

Muchos pacientes vienen a mi consulta para preguntarme por qué son como son. No siempre es posible remontar el origen de los trastornos de ansiedad a una fuente determinada. Incluso si se consigue, el individuo puede seguir padeciendo el problema aunque por fin conozca la razón del trastorno. Esto quiere decir que el mero hecho de haber llegado a comprender cuál es la causa subyacente de un trastorno de ansiedad no garantiza que las reacciones de miedo

Acontecimiento	**Puntuación**
Muerte del cónyuge	100
Divorcio	73
Separación marital	65
Prisión o confinamiento en institución mental	63
Muerte de un familiar cercano	63
Lesiones graves/enfermedad	53
Matrimonio	50
Perder el trabajo	47
Reconciliación marital	45
Jubilación	45
Cambio importante en el estado de salud o el comportamiento de un miembro de la familia	44
Embarazo	40
Problemas sexuales	39
Aumento de la familia (por parto, adopción, estancia temporal o prolongada de un pariente, etc.)	39
Cambio importante en la actividad comercial o profesional	39
Cambio importante en la situación financiera	38
Muerte de un amigo íntimo	36
Cambio de trabajo	36
Cambio importante en número de discusiones con el cónyuge	35
Solicitar una hipoteca, comprar una casa, un local de negocios, etc.	31
Devolución de un préstamo o cancelación de una hipoteca	30
Cambio importante en las responsabilidades laborales	29
Abandono del hogar por parte de un hijo o hija	29
Problemas con el cónyuge de un hijo o una hija	29
Gran logro personal	28
La esposa empieza a trabajar fuera de casa o deja de hacerlo	26
Comienzo/final de los estudios	26
Cambio importante en las condiciones de vida	25
Revisión de las costumbres personales	24
Problemas con el jefe	23
Cambio importante en el horario o las condiciones de trabajo	20
Cambio de residencia	20
Cambio de escuela	20
Cambio importante en las actividades recreativas	19
Cambio importante en las actividades eclesiásticas	19
Cambio importante en las actividades sociales	18
Pedir un préstamo de menos de 5.000 libras	17
Cambio importante en el horario de sueño	16
Cambio importante en el número de reuniones familiares	15
Cambio importante en la costumbres alimentarias	15
Vacaciones	13
Navidades	12
Pequeñas infracciones de la ley	11

Figura 4 *Escala de Acontecimientos Vitales (Reimpresa con permiso del Journal of Psychosomatic Research, Vol. II, Holmes y Rahe, «The Social Readjustment Rating Scale», 1967, Elsevier Science Ltd., Pergamon Imprint, Oxford, Inglaterra.)*

condicionado y la «costumbre» de la ansiedad, que se han reforzado con el paso del tiempo, vayan a desaparecer como por arte de magia. Esas áreas pueden requerir un trabajo específico. Pero si después de haberte tratado a ti mismo durante algún tiempo no pareces haber hecho ningún progreso en el control de tu ansiedad, es muy posible que tu comportamiento tenga razones subyacentes ocultas que deben ser tratadas.

LA RELEVANCIA DEL ENFOQUE PSICOLÓGICO PARA OBTENER UN CAMBIO POSITIVO

Coryell y Winkur (1991) observan que en la ansiedad «normal» pueden detectarse tres componentes principales: 1) procesos cognitivos (pensamientos), 2) excitación fisiológica, y 3) estrategias para enfrentarse a los problemas. En un individuo que sufre un estado de ansiedad, uno o más de estos componentes se vuelven anormales.

Como ya hemos visto, esas anormalidades pueden incluir las mostradas en la figura 5.

Un programa de control de los trastornos de ansiedad siempre debería incluir una manera de tratar todas las anormalidades presentes en la respuesta de ansiedad. Elegir el tratamiento psicológico como enfoque principal resulta particularmente adecuado, ya que puede satisfacer este criterio. (La figura 5 muestra los enfoques psicológicos de los que se hablará en este libro, y las respuestas de ansiedad anormal sobre las que pueden producir un efecto positivo.) Aparte de ser capaz de tratar directamente las anormalidades presentes en la respuesta de ansiedad, un enfoque psicológico también puede profundizar un poco más y, cuando resulte adecuado, puede facilitar el descubrimiento y el tratamiento terapéutico de las posibles razones psicológicas ocultas detrás de dichas anormalidades.

El capítulo 10 describe el tratamiento médico disponible actualmente para controlar los trastornos de ansiedad. La te-

	Respuesta de ansiedad anormal	Tratamiento psicológico
Procesos cognitivos	Puede darse una creciente preocupación causada por pensamientos negativos, interpretaciones incorrectas de las sensaciones corporales e ideas catastróficas concernientes al peligro potencial presente en las circunstancias cotidianas normales.	Los pensamientos negativos pueden provocar «síntomas de ansiedad» y recaídas que pueden ser considerablemente aliviadas con la ayuda de la *terapia cognitiva* (trabajando sobre dichos pensamientos de una manera positiva).
Excitación fisiológica	La excitación puede llegar a ser excesiva, y en el caso de algunos individuos puede acabar produciendo ataques de pánico. (Éstos pueden ir acompañados por síntomas como aceleración del pulso, tensión muscular, incremento de la transpiración y cambios en el ritmo respiratorio.)	Las técnicas de *relajación y autohipnosis* pueden ser herramientas muy útiles cuando se desea reducir el grado de excitación fisiológica.
Estrategias para resolver los problemas	La confianza depositada en un comportamiento evasivo puede hacer que la persona acabe perdiendo toda ocasión de decondicionar la respuesta de ansiedad y llegar a ser consciente del auténtico nivel de peligro existente en una situación.	La *terapia cognitiva*, la *relajación* y la *autohipnosis* también pueden ser unas aliadas muy importantes cuando se utilizan para desarrollar una estrategia más positiva de aproximación a las situaciones que producen ansiedad.

***Figura 5** Tratamiento psicológico para las anormalidades de la respuesta de ansiedad*

rapia con fármacos nunca debería ser utilizada como sustituto a los enfoques psicoterapéuticos o de asesoramiento. En comparación con el tratamiento psicológico la terapia con fármacos presenta muchos problemas, entre los que destacan la resistencia a la medicación, el riesgo de dependencia y el temor a la posibilidad de una recaída cuando se suprime la medicación. Esto ha llevado a muchos expertos, el doctor Eriksson y cols. (1990) entre ellos, a aconsejar que como regla general es preferible evitar los fármacos. El artículo *Psychological Treatment for Anxiety – An Alternative to Drugs?*, publicado en el «Drug and Therapeutics Bulletin» (1993), editado por Joe Collier, llegaba a la siguiente conclusión: «Los tratamientos psicológicos constituyen una alternativa efectiva a la terapia con fármacos para los pacientes con estrés agudo, trastorno de ansiedad generalizada, agorafobia y trastornos de pánico, y en general presentan un índice de recaídas más bajo en cuanto se interrumpe el tratamiento».

La buena noticia es que, sea cual sea tu nivel de vulnerabilidad a la ansiedad, puedes aprender muchas formas de ayudarte a mejorar y controlar tu situación. Como dice el viejo refrán: «Si siempre haces lo que has hecho, ¡siempre obtendrás lo que has obtenido!». Este libro tiene como objetivo equiparte con nuevas habilidades que te ayudarán a producir un cambio positivo y, con ello, te permitirán salir de las perversas espirales de la ansiedad. ¡Sigue leyendo y libérate de ellas!

CAPÍTULO 3

Abriendo el camino del éxito

> *Si hay algo que está muy claro en el tratamiento de la ansiedad, es que los atajos no existen y que llegar a curarse requiere un gran esfuerzo por parte del paciente.*
>
> Kenneth Hambly

Antes de que empieces a poner en práctica las ideas expuestas en este libro, es importante que hagas cuanto puedas para aumentar tus probabilidades de éxito. Existen muchos factores que pueden influir sobre los resultados que obtendrás cuando empieces a tratarte a ti mismo. Entre los más importantes destacan el que quieras que las cosas cambien, el que tengas unas metas claras y unas expectativas realistas, y el que estés realmente decidido a ayudarte a ti mismo y a aceptar tu situación. A continuación exploraremos cada uno de estos factores.

QUERER QUE LAS COSAS CAMBIEN

> *Este problema hacía que me sintiera muy frustrada. Tenía tantas ganas de ser «normal»...*
>
> Susan

Antes de poder cambiar, debes *desear* ese cambio. Hacer una lista con todos los efectos beneficiosos posibles que puedes llegar a obtener como resultado de la autoterapia puede serte útil. Ser plenamente consciente de ellos puede reforzar tu motivación y tu deseo de cambiar.

Quizá estés pensando que a nadie le gusta sentir ansiedad o miedo, pero a veces eso puede tener sus ventajas. Normalmente no seguimos actuando de cierta manera si no sacamos algún provecho de hacerlo. Por ejemplo, una persona que padezca agorafobia quizá descubra que su cónyuge y las personas que la rodean se muestran más atentas con ella: les hacen la compra, no tienen que salir de casa a ganarse la vida, y las responsabilidades de la existencia cotidiana son asumidas por otras personas. Estos privilegios o «ganancias secundarias» pueden servir para reforzar y mantener la conducta y las emociones que causan el trastorno. Si la persona renuncia a la ansiedad o al miedo, también pierde los beneficios adquiridos mediante sus síntomas.

En algunos casos el cambiar también puede significar tener que enfrentarse a los posibles problemas subyacentes ocultos detrás de los síntomas. Por ejemplo, la madre de un niño que padezca alguna clase de minusvalía, además de atender las necesidades especiales del niño también puede tener que cargar con muchas otras tareas, como lavar la ropa, limpiar la casa y hacer la compra. A menos que pueda descansar de vez en cuando quizá acabe sufriendo un problema de agotamiento físico, especialmente si tiene más hijos. Si se siente abrumada y llega a un punto en el que no puede seguir adelante, su mente puede tratar de «ayudarla» produciendo los síntomas físicos de los ataques de pánico.

Los ataques de pánico pueden poner un freno físico a su actividad y darle tiempo para descansar. También pueden actuar como un medio de conseguir que quienes la rodean le proporcionen la atención y la ayuda que necesita. Esto demuestra la naturaleza protectora de la mente, y cómo «cuida» de nosotros. Quienes padecen trastornos de ansiedad quizá encuentren bastante extraño este punto de vista, pero a corto plazo los síntomas pueden actuar más como un «amigo» que como un «enemigo». En este caso el trastorno es una forma de enfrentarse al problema hasta que se pueda encontrar una solución más adecuada.

Es importante que la madre se enfrente al problema oculto detrás de su negativa a hablar claro y pedir ayuda. Esa persona necesita disponer de tiempo para cuidar de sí misma y atender sus propias necesidades, así como las de sus hijos. Como resultado, los efectos beneficiosos de los ataques de pánico se obtendrán de maneras más sanas y adecuadas. La consecuencia final de todo ello es que los ataques de pánico pueden dejar de ser «necesarios».

Algunas personas tienen una motivación para cambiar muy baja porque no quieren prescindir de los efectos beneficiosos de sus síntomas, o porque no quieren enfrentarse a los posibles problemas subyacentes ocultos que se encuentran en la raíz de sus síntomas. Suelen hacer tímidos intentos de mejorar las cosas, y los resultados de sus esfuerzos suelen reflejar de manera muy clara su falta de convicción. Como han observado Roger y McWilliams (1991): «Si no participas de manera activa en la obtención de lo que deseas, eso quiere decir que en realidad no deseas obtenerlo».

Antes de seguir leyendo, decide que realmente quieres cambiar. Para extraer el máximo provecho posible de las técnicas contenidas en este libro, tendrás que responder a las siguientes preguntas:

- ¿En qué cambiará tu vida y de qué manera mejorará cuando tú hayas cambiado?
- ¿Existe algún aspecto en el que tu situación actual te resulte beneficiosa? (¿Qué te ha impedido cambiar hasta el momento?)
- ¿Cómo podrías obtener esos efectos beneficiosos de maneras más adecuadas?
- ¿Puede haber algún problema subyacente al que deberías enfrentarte y tratar de solucionar?

Tal vez descubras que no dispones de respuestas a nivel consciente para todas esas preguntas. Por ejemplo, a veces las personas pueden no ser conscientes de que existen efectos beneficiosos o problemas/razones subyacentes asociados a su conducta. En el capítulo 8 exploraremos varios métodos para acceder a esa información en el caso de que exista y para «negociar» con el subconsciente en beneficio tuyo.

TENER METAS CLARAS Y EXPECTATIVAS REALISTAS

> *Soy consciente de que en el futuro puedo volver a sentir ansiedad de vez en cuando, pero ahora sé cómo enfrentarme a ella.*
>
> Joanne

En vez de perder el tiempo con vagas ideas de cómo te gustaría que fuese tu vida, lo que debes hacer es tener realmente claro qué deseas. Por ejemplo, el imaginar situaciones específicas y el visualizar mentalmente cómo te gustaría sentirte y actuar y las cualidades que desearías poseer puede resultar muy útil. Algunas personas han descubierto que les ayuda mucho pensar en un modelo que ejemplifique la conducta deseada, ya sea alguien a quien conocen o una persona creada en su imaginación.

Es de vital importancia que te asegures de que tus metas son realistas. No querer aceptar ningún retroceso ocasional puede significar que la más leve sombra de un síntoma baste para sumirte en el pánico. ¡Date permiso para ser humano! Deja espacio para un poco de flexibilidad e imperfección en tus objetivos. Si eres el tipo de persona que piensa que debería sentirse tranquila y feliz en todo momento, puedes estar creándote tensiones extra. Cada una de tus emociones tendrá un tiempo y un lugar en tu vida, y no he conocido a nadie que sea inmune a los pensamientos y emociones negativas y que controle la situación en todo momento. Nadie puede verse totalmente libre de problemas.

También es importante mantener unas expectativas realistas acerca del tiempo que tardarás en notar los efectos beneficiosos de la autoterapia, ya que de lo contrario te desanimarás con facilidad. No existe ninguna varita mágica que pueda proporcionar curas milagrosas instantáneas. Que desees dejar de sufrir lo más pronto posible es perfectamente comprensible, pero el ponerse nervioso porque tu situación no mejora tan deprisa como te gustaría que lo hiciese sólo lleva a la frustración..., ¡que a su vez puede provocar más ansiedad! La recuperación necesita su tiempo. No hay atajos. Concédete todo el tiempo necesario para recuperarte, y piensa en la autoterapia como un proceso indefinido. Marcarse un límite de tiempo quizá sólo sirva para imponerte nuevas presiones.

La curación tiende a ser un proceso gradual, y puede contener períodos de tiempo en los que se perciben muy pocos progresos, o incluso puede producirse una recurrencia de los síntomas iniciales. Debes ser consciente de que estás haciendo continuos progresos. Las mesetas o los retrocesos, que generalmente son de naturaleza temporal, son una parte normal y necesaria del proceso de mejora global. Los retrocesos, en particular, pueden ser una indicación de que te has exigido demasiado a ti mismo y de que debes ir más despacio. Si continúas con la autoterapia, no pasará mucho tiempo sin que experimentes una nueva mejoría.

Descomponer la meta principal de curarse en una serie de etapas puede resultar muy útil. Por ejemplo, en el caso de un agorafóbico es aconsejable que intente sentirse cómodo yendo hasta la puerta principal antes de pasar a la meta siguiente de poder dar una vuelta a la manzana sin problemas, y así sucesivamente. Dividir las metas en etapas digeribles ayuda a marcarse objetivos más razonables, y también proporciona la oportunidad de obtener muchos éxitos intermedios a lo largo del trayecto. Esto puede ayudarte a mantener tu motivación. Con el paso del tiempo, el poder comparar cómo eres ahora con cómo eras en tus peores momentos también te dará nuevos ánimos. (Esa comparación resulta mucho más fructífera que la tendencia usual de juzgarte a ti mismo en relación con cómo crees que *deberías* ser, o con cómo parecen ser otras personas.)

ESTAR DECIDIDO A AYUDARTE A TI MISMO

> *Nadie debe sentirse culpable por tener esta clase de problemas emocionales. Pero si no haces nada al respecto, la culpa será única y exclusivamente tuya.*
>
> Peter

Este libro te enseñará formas de aprender a controlar la ansiedad. Espero que este proceso de aprendizaje te parecerá interesante y que disfrutarás con él, pero también debes ser consciente de que para sacar el máximo provecho posible de lo que aprenderás tienes que invertir tiempo y esfuerzo. Tú eres la única persona que puede provocar esos cambios positivos. Las técnicas deben ser utilizadas de manera consistente y regular.

Para poder llevar a cabo el esfuerzo necesario tendrás que estar decidido a alcanzar tus metas, y este compromiso dependerá en un grado muy importante del valor que tenga para ti el obtener un cambio positivo primero y el mantenerlo después. Hasta que no te hayas comprometido, siempre existirá la posibilidad de que te eches atrás. ¡Recuerda que la gente que se queda en el centro del camino suele acabar siendo atropellada!

ACEPTAR TU SITUACIÓN

> *En el pasado siempre había sido una persona muy enérgica y decidida que sabía superar todos los obstáculos que la vida ponía en su camino, y eso hizo que me enfureciese conmigo misma cuando empecé a sufrir síntomas de ansiedad. No podía aceptar que aquello me estuviera ocurriendo precisamente a mí. Pero el negar que tenía un problema no haría que desapareciese. Antes de que la ayuda pudiera servirme de algo, tenía que aceptar mi situación tal como realmente era.*
>
> June

Muchas personas que padecen un trastorno de ansiedad experimentan sentimientos de vergüenza. Suelen negar la existencia del problema porque les parece que la situación es inaceptable. Es frecuente que sientan una gran irritación ante sus síntomas, y que se desprecien a sí mismas por ser como son. (¡Lo cual quiere decir que en muchas ocasiones podemos llegar a ser nuestro peor crítico!) Por ejemplo, pueden pensar: «¡Esto es realmente ridículo! Otras personas no tienen este problema. ¡Yo no debería ser así!». A su vez, esto puede incrementar la ansiedad que sienten.

Muchas de las personas que padecen trastornos de ansiedad son incapaces de aceptar la situación y deciden creer que sufren una enfermedad física, que generalmente se cree resulta mucho más fácil de curar porque se la considera como una especie de mera «avería» y que está libre del estigma que la sociedad continúa asociando a los problemas emocionales. Esta actitud también puede crear barreras en el camino de la recuperación.

Este libro tiene como tema principal la reducción de los sentimientos negativos. Sin embargo, y por extraño que pueda parecer, probablemente no serás capaz de superar estos sentimientos negativos si antes no has logrado aceptarlos. Esto no significa que debas adoptar una actitud derrotista, o que justifiques y aceptes esos sentimientos: sólo significa que te estás permitiendo verlos como lo que son en realidad. En este aspecto, el saber lo que puede estar ocurriéndote resulta muy beneficioso (véanse capítulos 1 y 2). Desmitificar tu situación puede ayudarte a aceptar tus síntomas como una reacción válida y normal en las circunstancias a las que te estás enfrentando. Esto puede llevar a una aceptación positiva, que a su vez puede ayudarte a sentirte más a gusto contigo mismo.

Aceptar tanto tus limitaciones como tus virtudes puede significar, en sí mismo, dar un gran paso hacia la recuperación. En vez de evitar o negar los sentimientos, puedes aprender a no dejarte dominar por las emociones negativas aceptándolas, lo que a su vez te colocará en mejor situación para enfrentarte directamente a ellas de muchas maneras positivas. Acepta tus días malos y celebra los buenos, y no olvides que, con el paso del tiempo, puedes ir teniendo cada vez más días buenos.

CAPÍTULO 4

Sé responsable de ti mismo y de tus pensamientos

El mundo exterior no cambiará hasta que hagamos los cambios interiores precisos y estemos dispuestos a llevar a cabo el trabajo mental necesario. Pero los cambios interiores pueden resultar increíblemente fáciles de hacer, porque lo único que realmente necesitamos cambiar es lo que pensamos.

Louise L. Hay

Lo que te dices a ti mismo en tus pensamientos puede alterar de una manera espectacular tu calidad de vida. Como se ha visto en el capítulo 2, las personas que padecen un trastorno de ansiedad tienden a mantener un discurso interior negativo e impregnado de preocupación. A su vez, estos pensamientos pueden llegar a provocar sentimientos de ansiedad, miedo y pánico. Alterar esos pensamientos inadecuados y conseguir que tu mente sea una aliada en vez de una enemiga es una parte muy importante de la autoterapia, y en este capítulo hablaremos de ella.

TU SUBCONSCIENTE

Tu mente procesa información tanto de manera consciente como subconsciente. El subconsciente es la parte de tu mente de cuya existencia no eres consciente: el subconsciente controla todas las funciones corporales involuntarias a través del sistema nervioso autónomo, al igual que controla el almacenamiento de todas nuestras experiencias bajo la forma de recuerdos. La parte más profunda de tu mente también es responsable de todos tus sentimientos, creencias, costumbres, autoimagen e intuición. Se ha dicho que cada pensamiento consciente contribuye al desarrollo del subconsciente. Se podría decir que estamos ante un caso muy claro de cosechar lo que se ha sembrado, así que debes tener mucho cuidado con lo que piensas.

SÉ TU MEJOR AMIGO

Si alguien te estuviera diciendo cosas agradables y positivas continuamente, lo más probable es que te sintieras muy a gusto en compañía de esa persona y pasaras mucho tiempo con ella. De manera similar, si una persona siempre te estuviera diciendo cosas desagradables, acabarías sintiéndose muy a disgusto cuando la tuvieras cerca y probablemente tratarías de alejarte de ella. Podemos alejarnos de la gente, pero no podemos huir de nuestros pensamientos. Si permites que tus pensamientos adquieran una naturaleza negativa, puedes acabar desarrollando sentimientos, actitudes y creencias negativas. Los pensamientos positivos, en cambio, crean una sensación de bienestar y expectativas positivas.

Lo que debes hacer, por lo tanto, es dejar de ser tu peor enemigo y tratar de convertirte en tu mejor amigo. Piensa en cómo sueles hablarte a ti mismo cuando estás inquieto y preocupado. Si tu discurso interno es negativo, hazte las siguientes preguntas: «Si tuviera un amigo que se encontrara en mi situación actual, ¿le hablaría de esta manera tan negativa? ¿Qué tono de voz utilizaría? ¿Qué le diría para consolarle, tranquilizarle y hacerle comprender que cuenta con todo mi apoyo?». Decide empezar a hablarte a ti mismo con respeto y tratando de ayudarte. También es importante que te elogies a ti mismo y que trates de motivarte en tus esfuerzos para cambiar.

ELEGIR Y DECIDIR CÓMO TE VAS A SENTIR

En cuanto hayas comprendido que tus pensamientos crean tus sentimientos te darás cuenta de que, aunque es imposible controlar lo que nos ocurre en la vida, eres tú quien decide cómo has de reaccionar a los acontecimientos. Lazarus y Folkman (1984) insisten en que la percepción de una situación que experimenta una persona es el componente más significativo del estrés y la ansiedad. Decir que una persona o una situación nos ponen nerviosos significa que hemos olvidado que ninguna persona o situación pueden crear o causar emociones en nuestro fuero interno. Nadie puede experimentar una reacción emocional hasta que no ha llevado a cabo una interpretación de los acontecimientos dentro de sus pensamientos y les ha dado un significado. En consecuencia, el escoger deliberadamente cómo vas a permitirte pensar e interpretar la vida que te rodea hará que siempre puedas decidir cómo te vas a sentir en un momento determinado.

Las personas que han decidido practicar actividades productoras de adrenalina (como por ejemplo el paracaidismo) están escogiendo activar la respuesta «luchar o huir» en sus cuerpos, y deciden percibir la experiencia de las sensaciones subsiguientes como «excitación». Aunque probablemente no eres consciente de lo que estás haciendo, se podría decir que cuando eliges llenar tu mente de pensamientos negativos e impregnados de preocupación estás provocando unas sensaciones similares a las que persiguen los «buscadores de emociones fuertes», ¡pero que en tu caso las estás interpretando y etiquetando como «ansiedad» o «pánico»!

Eres dueño de tus pensamientos, y eso quiere decir que siempre puedes controlarlos. Parece muy sencillo, pero da resultado: cuando cambias tu manera de pensar, también cambias tus emociones. Si realmente lo deseas, puedes vencer a la ansiedad. Sea cual sea la situación a la que tengas que enfrentarte, siempre podrás decirte a ti mismo algo positivo sobre ella.

CÓMO CONVERTIR LOS PENSAMIENTOS NEGATIVOS EN POSITIVOS

¿Qué hay que hacer para invertir esas pautas y hábitos de pensamiento negativos? En primer lugar, debes llegar a ser consciente de la manera en que estás permitiendo operar a tus pensamientos. Si puedes identificar tendencias negativas en tus pensamientos, entonces ya habrás dado un gran primer paso por el camino que lleva a la mejoría.

Reenmarcamiento

Todas las situaciones tienen un lado positivo y un lado negativo. Si en el pasado te has limitado a percibir el lado negativo, entonces te has estado mintiendo a ti mismo por omisión. No has estado informando a tu subconsciente de los aspectos positivos o del potencial de la situación. Tal como se ha explicado previamente, el significado de una situación siempre depende de cómo decidas interpretarla. Por ejemplo, alguien podría decir «La semana pasada cometí el mayor error de toda mi vida», cuando en vez de decir eso podría decidir reinterpretar o reenmarcar lo ocurrido diciendo «¡La semana pasada aprendí algunas lecciones muy importantes!».

Sugerirte a ti mismo lo que quieres en vez de lo que no quieres

Muchas personas cometen el grave error de preocuparse y albergar pensamientos negativos sobre los acontecimientos futuros. Recuerdo que en una ocasión un cliente me dijo que si no se preocupaba por las cosas se sentía culpable, y que si no se preocupaba por algo tenía la sensación de que no estaba cumpliendo con su deber. En realidad, el preocuparse por el futuro ni resulta beneficioso ni permite controlar lo que ocurrirá. ¡De hecho, al pensar en el futuro de una manera no productiva tal vez estés contribuyendo a que tus temores se conviertan en realidad!

Por ejemplo, si el padrino de una boda se permite albergar pensamientos del estilo de «Sé que voy a tartamudear en cuanto abra la boca» antes de pronunciar su discurso, lo que hace es aumentar las probabilidades de que se produzca un resultado negativo. Si pensara «Cuando abra la boca podré hablar claramente y de una manera tranquila y llena de seguridad en mí mismo», estaría aumentando considerablemente sus probabilidades de pronunciar un buen discurso.

Siempre que sea posible, hay que procurar que el significado de la frase y las palabras que la forman sean lo más positivas posible. Por ejemplo, si alguien piensa «Cuando tenga que ir a la reunión de mañana, no estaré tenso ni preocupado», a primera vista podría parecer que está llenando tu mente de pensamientos positivos. Pero supongamos que yo entro en una habitación llena de gente y les digo: «Pueden pensar en lo que quieran, pero no se les ocurra pensar en elefantes rosados». ¿Qué ocurriría? ¡Pues, muy probablemente, que algunas de esas personas enseguida verían aparecer en su mente la imagen de un elefante de color rosa! Eso es debido a que para «no pensar» en algo normalmente lo primero que tenemos que hacer es pensar en ese algo. En el ejemplo de la reunión, esos pensamientos pueden introducir la sugerencia de «preocupación y ansiedad» en la mente de la persona sin importar cuál sea el significado de la frase entendida como un todo. Así pues, lo que habría que hacer es pensar en la reunión usando palabras positivas y tener pensamientos del tipo «Durante la reunión de mañana me sentiré "relajado y tranquilo"».

Sugerirte lo que quieres en vez de lo que no quieres te permitirá sacar a la luz lo mejor de ti mismo. Como observaba Mary, una antigua clienta: «Me he dado cuenta de que el preocuparse no sirve de nada. Si te enseñan cómo hacerlo, puedes controlar mejor lo que te rodea e introducir cambios positivos en tu vida».

Vigilarte a ti mismo mientras hablas

De la misma manera en que puedes influir sobre tu subconsciente mediante tus pensamientos, también puedes influir sobre él cuando hablas en voz alta. Cuando hablas otras personas escuchan lo que dices, y tu subconsciente también te escucha. Además de evitar el discurso negativo, también puedes asegurarte de que tu mente no percibe emanaciones de negatividad controlando tu vocabulario y hablando en un tono normal y tranquilo. A menos que visites a un terapeuta, el cual querrá interrogarte detalladamente sobre lo que sientes, evita cualquier tipo de exceso melodramático cuando hables de la ansiedad.

Si quieres triunfar, prescinde del «voy a intentarlo»

También debes ser consciente de que la parte más profunda de tu mente suele interpretar de una manera muy literal el significado de las palabras que introduces en ella. Por ejemplo, si te dices a ti mismo que estás «intentando» ser una persona más tranquila, tu subconsciente te ayudará a «intentarlo»..., ¡pero no necesariamente a «conseguirlo»! La palabra «intentar» implica muchos esfuerzos pero, en última instancia, también implica el fracaso final. Frases como «Soy una persona más tranquila» o «Me estoy convirtiendo en una persona más tranquila» resultarán mucho más productivas a la hora de ayudarte a sentirte más relajado.

CÓMO ENFRENTARSE A LOS PENSAMIENTOS NEGATIVOS HABITUALES

El pensar de una manera negativa ha sido una constante en las vidas de algunas personas durante tanto tiempo que ha acabado convirtiéndose en una auténtica costumbre. A continuación describiremos dos métodos para combatir este problema.

El método del «Alto»

Este método no sólo ayuda a romper las pautas del pensamiento negativo habitual sino que además, y a medida que lo vayas utilizando repetidamente, también te permitirá ir creando el nuevo hábito del pensamiento positivo. Recuerda que cualquier cosa repetida con la frecuencia suficiente puede convertirse en un automatismo. Cada vez que tengas un pensamiento negativo, piensa «Alto» o visualiza un letrero de «Alto» dentro de tu mente. Después deberás enfrentarte directamente a lo que haya motivado toda esa negatividad y cambiar el foco negativo de tus pensamientos para convertirlo en un foco positivo. Concéntrate en los aspectos positivos de la realidad. (Véase la figura 6 para algunos ejemplos.) Si el hábito del pensamiento negativo está profundamente enraizado en ti, tendrás que hacer este ejercicio de manera persistente y agresiva.

Programación Neurolingüística para combatir los pensamientos negativos habituales especialmente persistentes

Cuando uséis el método del «Alto», algunos de vosotros tal vez descubriréis que ciertos pensamientos negativos tienen raíces tan profundas y sólidas que invaden vuestra mente antes de que hayáis podido daros cuenta de su presencia o hayáis tenido ocasión de decir «¡Alto!». Esos pensamientos merecen que les dediquemos una atención especial.

La técnica siguiente consiste en investigar qué cambios pueden ser introducidos en un pensamiento de esas características para ayudar a disminuir o neutralizar las emociones negativas que suelen producir. Después el pensamiento es almacenado en la mente de una manera nueva y más positiva, junto con esas alteraciones beneficiosas. Como resultado, el pensamiento ya no tiene el poder de afectarte tal como lo había hecho en el pasado. El método tiene su origen en la obra

Pensamiento negativo	**Foco positivo**
Si voy al supermercado, me pondré todavía más nervioso y eso hará que me sienta mucho peor. *Alto*	El éxito consiste en salir a la calle y enfrentarme a esta situación. Al hacerlo estoy dando un paso más hacia la recuperación. Soy más fuerte de lo que creo, ¡y puedo hacerlo! Me doy permiso a mí mismo para alegrarme de tener el valor necesario para poder salir a la calle.
¡Oh, no, ya volvemos a empezar! Siento que estoy a punto de tener otro ataque de pánico. Estoy muy asustado. *Alto*	Bueno, puedo aguantarlo hasta que se me pase. Respirar despacio y con regularidad y repetirme que estoy bien pueden ayudar a que se me pase antes. Haré lo que pueda, y eso es algo de lo que debo sentirme orgulloso.
Podría morirme durante un ataque de pánico. *Alto*	He tenido muchos episodios similares en el pasado y siempre he sobrevivido. Los ataques de pánico son básicamente inofensivos. No corro ningún peligro.
¡Esto es ridículo! Esto sólo me ocurre a mí. No sé qué me pasa, pero seguro que es algo muy grave. Debo de estar enloqueciendo. *Alto*	Puedo aceptar que estos síntomas son normales bajo las circunstancias a las que me estoy enfrentando. Puedo ayudarme a mí mismo. Al igual que otras muchas personas que han superado estos trastornos, sé que un poco de paciencia y los ejercicios que he aprendido harán que todo vaya mejorando.

Figura 6 *El Método del «Alto»: algunos ejemplos de cómo los pensamientos negativos pueden ser convertidos en pensamientos con un foco más positivo*

de Richard Bandler, uno de los fundadores de lo que se conoce como «Programación Neurolingüística» (PNL). La PNL estudia la forma en que estructuramos nuestras experiencias subjetivas dentro de nuestra mente. (Exploraremos otras técnicas muy útiles de la PNL en los capítulos 5, 7 y 8.)

Cuando vayas a emplear esta técnica, concédete de 10 a 15 minutos libres de interrupciones. Al igual que ocurre con muchos de los ejercicios de este libro, quizá te resulte útil grabar la estructura del ejercicio en una cinta. Utiliza un tono de voz suave y deja pausas en los lugares adecuados para poder usar la cinta como guía a través del ejercicio. Quizá desees aprenderte de memoria el ejercicio, o pedirle a alguien que te lea la estructura hasta que te hayas familiarizado con ella.

Ejercicio

1 Concéntrate en un pensamiento negativo recurrente que te deje muy nervioso y abatido. Por ejemplo: «Voy a tener un ataque de pánico».

2 Siéntate, cierra los ojos y escucha ese pensamiento dentro de tu mente de la manera en que sueles hacerlo. Fíjate en cualquier emoción negativa que te produzca. Abre los ojos y prepárate para hacer unos cuantos experimentos con esa frase.

3 Introduciendo distintas alteraciones en ese pensamiento podrás averiguar cuáles disminuyen o neutralizan las emociones negativas producidas. Vuelve a cerrar los ojos. Piensa en la *velocidad* del pensamiento. Por ejemplo, si es rápido y apremiante puedes tratar de reducir su velocidad, como si el pensamiento fuera un disco colocado a una velocidad equivocada..., ¡e irritantemente lenta! Examina las emociones producidas por el pensamiento para averiguar si han cambiado como resultado de los cambios introducidos. Abre los ojos. Si te sientes un poco mejor, anota esta alteración.

4 Vuelve a «pasar» el pensamiento a su velocidad habitual, y prepárate para la prueba siguiente.

5 Experimenta de una manera similar alterando la *voz* que resuena dentro de tu cabeza y que está articulando el pensamiento (que seguramente será tu propia voz). Sustitúyela por la de un personaje de dibujos animados, o por la de alguien que te resulte

particularmente gracioso. En cuanto hayas abierto los ojos, examina las emociones negativas para averiguar si esta alteración ha ayudado a debilitarlas o neutralizarlas.

6 Devuelve el pensamiento a su estado inicial antes de hacer la última prueba. Imagínate que tu canción o música favorita están sonando como fondo mientras oyes el pensamiento. ¡Esto es algo así como hacer acrobacias mentales! Pero recuerda que la «forma» en que lo hagas no importa: lo que nos interesa es el efecto que la alteración produce sobre las emociones negativas. Abre los ojos y, como hacemos con todas las alteraciones, anótala únicamente si percibes una mejora.

7 Ahora ha llegado el momento de utilizar al mismo tiempo todo lo que has aprendido. Junta todas las alteraciones que te ha parecido mejoraban tus emociones, y escucha ese pensamiento dentro de tu mente bajo su nueva forma. ¡Por ejemplo, podrías hacer que el pato Donald dijera las palabras muy despacio con «Noche de paz» como música de fondo! Si ninguna de las alteraciones que he mencionado te resulta útil, crea tus propias alteraciones. (Para más información sobre otras «alteraciones» que puedes emplear, lee el libro de Richard Bandler *Using Your Brain for a Change*.)

8 En cuanto estés seguro de que las emociones negativas se debilitan o quedan neutralizadas gracias al uso de este método, refuerza el pensamiento con esas nuevas asociaciones. Tu subconsciente puede asimilar el nuevo proceso si «ensayas» el pensamiento con esas alteraciones cinco veces manteniendo los ojos cerrados (¡tu mente ya está lo suficientemente ocupada, así que el contar con los dedos puede ser una buena ayuda!).

9 Ahora intenta recuperar el pensamiento tal como era en un principio. Probablemente tendrás que hacer un cierto esfuerzo para prescindir de las alteraciones que tu mente ha pasado a asociar con el pensamiento. Esto quiere decir que el «viejo estilo» de pensar ya no es automático o habitual, y que ha quedado almacenado en la parte más profunda de tu mente con esa nueva forma más positiva. Si el pensamiento vuelve a aparecer en tu mente en algún momento del futuro antes de que tengas tiempo de decir «Alto», puedes tener la seguridad de que ya no producirá el mismo efecto que en el pasado. ¡Eso tiene que ser una buena noticia!

A juzgar por mi experiencia profesional, muchas personas descubren que en cuanto han conseguido dominar esta técnica ya no vuelven a experimentar el pensamiento que antes solía causarles tantos problemas. El pensamiento ya no produce emociones negativas. Sin embargo, me acuerdo de una clienta que vino a mi consulta buscando ayuda para dejar de fumar. Para gran diversión suya, descubrió que muchos meses después seguía oyendo dentro de su mente su canción favorita y al señor Magoo, el conocido personaje de dibujos animados, diciendo: «¡Necesito un cigarrillo!». El deseo de fumar producido por el pensamiento había desaparecido del todo, ¡por lo que en vez de fumarse sus 20 cigarrillos habituales, lo único que hacía era reírse veinte veces al día!

AYUDARSE CON TARJETAS

Algunas personas han descubierto que les ayuda mucho rodearse de tarjetas que contengan frases o citas positivas. Las colocan en los espejos, encima de su escritorio, en su diario, en el coche, en la puerta de la nevera, o en cualquier otro sitio donde puedan verlas.

Si te sientes particularmente nervioso en cierta situación, ¿por qué no escribes una tarjeta determinada para esa situación? Hasta que tu mente sepa crear pensamientos positivos adecuados de una manera más espontánea, llevar encima esa tarjeta para leerla de vez en cuando podría ayudarte a soportar mejor esa situación que te inquieta.

UNA ADVERTENCIA: LAS VIEJAS CREENCIAS TARDARÁN ALGÚN TIEMPO EN CAMBIAR

Durante los primeros días tal vez descubras que te estás llenando la cabeza de pensamientos positivos en los que no crees demasiado. Esto no debería sorprenderte, dado que al principio tus viejas creencias, muchas de las cuales eran negativas, probablemente dominarán tu subconsciente. En cuanto tu mente haya oído los nuevos pensamientos positivos con la frecuencia suficiente para crear una decisión realmente sólida, la perspectiva mental más positiva podrá empezar a predominar en la parte más profunda de tu mente.

La clave está en insistir con los pensamientos positivos. La repetición es importante. Cuantos más pensamientos positivos introduzcas en tu mente, tanto mejor. No es necesario que esperes a tener una oportunidad de emplear el método del «Alto» antes de empezar a transmitir mensajes positivos a la parte más profunda de tu mente. Delimita áreas de tu vida que puedan ser vistas de una manera lo más positiva posible, y aprovecha todas las ocasiones que se te presenten para tener pensamientos positivos. Por ejemplo, cuando te mires al espejo cada mañana, háblale de manera positiva a tu reflejo sobre ti mismo y el día que le espera. (¡Si vives con otra persona, quizá deberías explicarle por qué haces esto antes de empezar!) En cuanto tus creencias hayan empezado a alterarse, las metas de cambio positivo que te has fijado te parecerán mucho más fáciles de alcanzar.

CAPÍTULO 5

Cómo utilizar tu imaginación

La mente es su propia soberana, y puede hacer un paraíso del infierno y un infierno del paraíso.

John Milton

Además de trabajar de una manera positiva con tu «discurso interno», tu imaginación también puede ser utilizada de muchas maneras distintas para ayudarte a combatir la ansiedad. En particular, el uso de imágenes mentales puede ser una herramienta de autoterapia muy poderosa, dado que una imagen determinada puede valer por centenares de sugestiones verbales.

En este capítulo exploraremos una amplia gama de técnicas de visualización. Elige las que te parezcan más adecuadas a tus circunstancias personales para usarlas cada día.

VISUALIZACIÓN POSITIVA

Si dieras un paseo por una galería de arte, ciertos cuadros podrían dejarte triste y deprimido (un campo de batalla lleno de sangre, por ejemplo) mientras que el contemplar otros (como una hermosa escena de playa) te ayudaría a sentirte más relajado y a gusto. Las «imágenes» o «ideas» que ves con los ojos de tu mente pueden tener el mismo efecto.

Lo que percibes en tu mente afecta a tu estado de ánimo, por lo que las percepciones mentales pueden ser otra herramienta muy útil. Si tienes la cabeza llena de fantasías que te asustan o de vagos temores que te provocan ansiedad, puedes decidir concentrarte en escenas pacíficas y agradables, o en las imágenes de unas vacaciones en las que lo pasaste muy bien. Algunas personas tienen una imaginación tan poderosa que casi pueden sentir que están en esos lugares o recuerdos hermosos. Una imaginación débil puede ser adiestrada y fortalecida mediante la práctica.

El doctor Vernon Coleman (1993) recomienda a quienes quieran mejorar la calidad de su vida que anoten todos los buenos recuerdos que le vengan a la memoria en un cuaderno. (¡Si no puedes acordarte de ninguno, invéntatelo!) Elige tus siete recuerdos favoritos y revívelos con todo lujo de detalles. Recuerda y vuelve a experimentar todas las emociones y sensaciones agradables asociadas a esos momentos. Déjate absorber por esos recuerdos a primera hora de la mañana y antes de acostarte, o cuando desees mejorar tu estado de ánimo.

También puedes optar por trabajar sobre el miedo y las sensaciones de ansiedad de una manera más directa y activa. A continuación encontrarás algunas ideas que quizá desees utilizar a tal efecto:

- Imagínate que tu ansiedad va saliendo de tu cuerpo y tu mente bajo la forma de una gran nube blanca que sube hacia el cielo. Cuanta más ansiedad absorbe esa nube, más oscura se va volviendo. Observa con una profunda sensación de alivio cómo esa negra nube de tormenta se va alejando cada vez más y más de ti hasta que llega un momento en el que ya no puedes verla.
- Anota tus miedos en un trozo de papel imaginario que luego puedes arrojar al fuego para ver cómo se quema.
- Visualízate a ti mismo echando las fantasías aterradoras y las sensaciones de ansiedad dentro de un cubo de la basura mental, y aléjate de ellas sintiéndote mucho más tranquilo y relajado.
- Forma una imagen mental en la que tu cuerpo va siendo invadido por una hermosa luz dorada que lo llena de paz

y serenidad. Permite que esa luz se extienda por todo tu ser.

- Imagínate que tu cuerpo es un gran árbol, y fíjate en cómo las hojas parecen bailar alegremente bajo la brisa. Las raíces del árbol se hunden en el suelo, proporcionándote un punto de apoyo firme y estable. Esto puede proporcionarte una sensación de seguridad interior mientras sigues adelante con tu vida.

Dedica una parte de tu tiempo a inventar tus propias imágenes mentales y a experimentar con ellas. ¡Sé creativo! Los ejercicios de visualización positiva, unidos a un discurso interno positivo, pueden serte de gran ayuda para mejorar tu estado de ánimo y lograr una profunda reducción de la ansiedad.

EL ENSAYO MENTAL

Por extraño que pueda parecer, muchas veces obtenemos de la vida exactamente lo que esperamos de ella. Como se ha explicado en el capítulo anterior, tratar de ver las cosas de una manera positiva dentro de tu mente puede hacer que te resulte más fácil conseguir un buen resultado. Formarse una imagen mental negativa puede llegar a significar que acabes atrayendo lo que temes. ¡Muchas personas que se preguntan por qué sus peores temores siempre parecen convertirse en realidad probablemente han pasado la mayor parte de su vida llenándose la cabeza de temores y pensando en lo que más temen!

Utilizar tu imaginación de una manera positiva puede ayudarte a mejorar tus «calificaciones» en todas las áreas de tu vida. Prather (1973) descubrió que los estudiantes de las academias de vuelo que utilizaban la práctica mental de las maniobras de aterrizaje obtenían mejor puntuación en sus aterrizajes que los estudiantes que no utilizaban este método. Esto demuestra cómo el practicar con tu imaginación puede producir resultados excelentes.

Otra manera de conseguirlo es practicando con cómo te gustaría ser en cualquier aspecto de tu vida. Visualiza la situación con el máximo realismo posible. Si padeces una fobia social, por ejemplo, imagina que te sientes realmente feliz cuando recibes una invitación para salir de casa, y cómo disfrutas de la velada y encuentras muy interesante la conversación de los demás. Cuanto más intensamente seas capaz de experimentar esas emociones positivas, más fuerte será tu motivación para alcanzar esa meta.

Si te resulta difícil crear esas emociones, quizá te ayude recordar una velada particularmente agradable de la que disfrutaste antes de desarrollar tu fobia y lo bien que llegaste a pasarlo. Igualmente, y como recomienda el capítulo 3, puedes elegir un modelo que ejemplifique las cualidades, emociones y comportamiento deseados. De la misma manera en que un buen actor puede asumir las características del personaje que está interpretando, tú también puedes «fingir» que eres tu modelo en una situación social y percibir de qué manera eso incrementa tu confianza en ti mismo.

Utilizar la imaginación de esta manera una y otra vez grabará en tu subconsciente una actitud positiva hacia las situaciones sociales, y puede ayudarte a eliminar cualquier creencia negativa anterior. Posteriormente eso puede tener un efecto muy positivo sobre tus emociones y tu comportamiento. Si tienes que enfrentarte a alguna situación o circunstancia especial, te recomendaría que previamente llevaras a cabo un reforzamiento diario de la imaginería positiva durante una semana como mínimo.

PROYECCIÓN POSITIVA HACIA EL FUTURO

Puedes llevar todavía más lejos este uso positivo de la imaginación proyectándote mentalmente a ti mismo hasta un punto en el que ya hace mucho tiempo que has superado los niveles molestos de ansiedad. Imagínate que te embarcas en un viaje hacia el futuro que te lleva a un momento en el que tu ansiedad está controlada. Cuando te encuentres allí, vuelve la vista hacia el pasado y asómbrate al ver cómo fuiste capaz de permitir que la ansiedad gobernara tu vida durante tanto tiempo.

Vuelve la vista hacia el pasado y observa cómo fuiste trabajando paso a paso, cómo superaste todos los obstáculos que se interpusieron en tu camino y seguiste avanzando hacia el punto en el que te encuentras ahora. Mientras vuelves al presente, puedes disfrutar de la seguridad que te proporciona el saber que cuentas con un mapa positivo dentro de tu mente como guía para el futuro. Cuando se quiere llegar a algún sitio, saber adónde quieres ir siempre es una gran ayuda: ¡si además dispones de un mapa, el viaje se vuelve mucho más fácil!

LA TÉCNICA DEL «CAMBIAZO»

Cuando tenemos que explicar a la parte más oculta de nuestra mente qué queremos obtener de la vida, muchos de nosotros caemos en el error de enviarle señales contradictorias. La técnica de PNL que vamos a exponer a continuación fue creada por Bandler (1985), y utiliza las imágenes mentales como ayuda para comunicarse con el subconsciente y dejarle lo más claro posible qué es lo que quieres y qué es lo que no quieres. También ayuda al proceso de reprogramar tus pensamientos dominantes en una dirección más positiva. Esta técnica resulta particularmente útil cuando tendemos a gravitar hacia nuestros pensamientos predominantes. En cuanto hayas empezado a dirigir tu mente de una manera positiva, enseguida te darás cuenta de que tus emociones y tu conducta tenderán a seguir la misma dirección.

En esta fase es importante que vuelvas a concederte un poco de tiempo para ti mismo. Siéntate cómodamente en una habitación donde no haya ruidos. He expuesto la técnica del «cambiazo» mediante una progresión paso-a-paso que resulta muy fácil de seguir.

Ejercicio

1 Ponte cómodo y cierra los ojos

2 Visualiza una pantalla dentro de tu mente, como si estuvieras en el cine. Ahora haz aparecer en la pantalla una imagen de ti mismo **tal como no quieres ser**. Por ejemplo, podría tratarse de una imagen donde se te ve agobiado y preocupado en el trabajo. Haz que la imagen sea lo más desagradable posible. Experimenta las emociones que te produce el contemplar esa imagen.

3 Ahora borra esta imagen «negativa» de la pantalla, y sustitúyela por una imagen de ti mismo **tal como quieres ser**. Haz que la imagen sea lo más atractiva y agradable posible. Por ejemplo, podría tratarse de una imagen donde se te ve tranquilo y «dominando la situación» en el trabajo. Entra mentalmente en esa imagen y permanece allí hasta que puedas sentir lo agradable que resulta el ser de esa manera. Disfruta las sensaciones de tranquilidad y de saber que todo va bien. Tómate tu tiempo para explorar esas sensaciones antes de borrar esa imagen positiva de la pantalla, volviendo a dejarla en blanco.

4 Ahora visualiza la imagen «negativa», muy nítida y a gran tamaño, en la pantalla. Coloca la imagen «positiva», borrosa y mucho más pequeña, encima de la esquina inferior derecha, como si fuera un sello pegado en el lugar equivocado de la postal (véase la figura 7a).

5 Ahora, y tan deprisa como puedas pronunciar la palabra «cambiazo», permite que la imagen pequeña y borrosa crezca y se vuelva nítida (véase la figura 7b) hasta que acabe cubriendo toda la imagen negativa, que se irá volviendo borrosa y se empequeñecerá hasta desaparecer (véase la figura 7c).

6 En cuanto hayas hecho este «cambiazo», vuelve a dejar vacía la pantalla o abre los ojos.

7 Repite el «cambiazo» cinco veces, e intenta hacerlo un poquito más rápido cada vez. Asegúrate de que vuelves a dejar vacía la pantalla o abres los ojos al final de cada «cambiazo».

8 Visualiza la imagen «negativa» en tu mente. Si el «cambiazo» ha surtido el efecto deseado, la imagen debería resultar difícil de visualizar o, por lo menos, no estar tan clara como antes de hacer el ejercicio. Fíjate en lo fácil que te resulta hacer aparecer

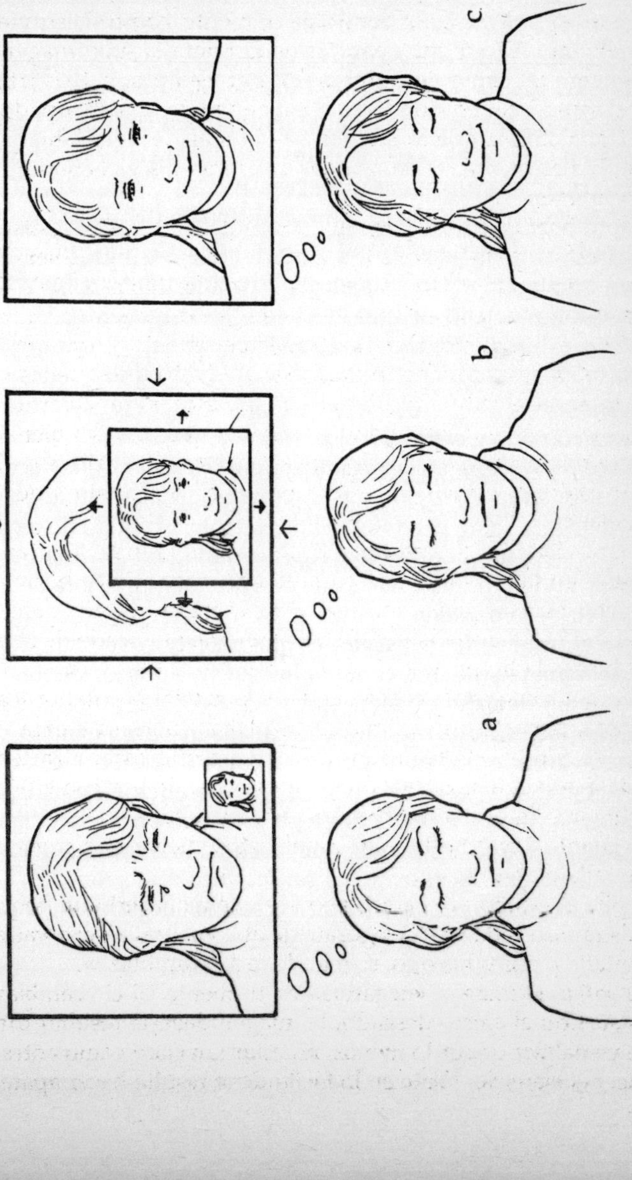

Figura 7 La técnica del «cambiazo»

la imagen positiva en tu mente, y en cómo se convierte en la imagen predominante.

Si no has obtenido el resultado deseado, vuelve a hacer el «cambiazo» desde el principio. Intenta encontrar alguna manera de conseguir que las imágenes resulten más adecuadas, y piensa en qué otras cosas puedes hacer para que produzcan el efecto buscado en tu caso. Sé creativo.

Por ejemplo, algunas personas prefieren utilizar la imaginería mental de una manera más abstracta. Las imágenes pueden representar tus emociones de una manera metafórica. Un buen ejemplo de ello es el ejercicio siguiente:

Ejercicio

1 Ponte cómodo y cierra los ojos.

2 Concéntrate en la emoción que quieres cambiar. Introduce esa emoción en una imagen que la represente visualmente de manera directa sobre la pantalla. Por ejemplo, un nudo de tensión en tu estómago podría estar representado por una imagen de varios nudos en una cuerda que está muy tensa. Ahora borra la imagen de la pantalla.

3 Concéntrate en las sensaciones que quieres conseguir. Trabaja de manera similar a como lo has hecho anteriormente. Una sensación de calma y bienestar podría estar representada visualmente por una modificación de la «imagen negativa». En el caso anterior los nudos podrían estar aflojados o totalmente desatados, y se podría permitir que la cuerda no estuviera tan tensa. También se puede elegir y colocar en la pantalla una imagen positiva totalmente nueva, como una tranquila escena de océano que represente las sensaciones más relajadas. Después esta escena puede sustituir a la imagen negativa en tu mente. Sea cual sea la imagen que elijas, asegúrate de que produce un efecto tranquilizador sobre ti mientras la vas visualizando en tu mente.

Recuerdo haber utilizado esta técnica con una clienta cuya preocupación y temor al sexo estaban haciendo que los músculos pélvicos de los alrededores de su vagina se contrajeran cada vez que intentaba llevar a cabo el acto sexual (vaginismo). Cuando vino a verme, ya estaba empezando a rehuir el sexo siempre que le era posible.

Le pedí que visualizara aquella sensación de contracción, y se imaginó una banda elástica que había sido estirada todo lo posible sin que llegara a romperse. Mientras contemplaba esa imagen en su mente, le pedí que asignara una puntuación a la tensión que podía sentir en sus músculos pélvicos en aquel momento. Me informó de que estaba sintiendo una tensión de 8 sobre 10 en una «escala de tensión», con 10 sobre 10 representando la tensión más fuerte que había llegado a experimentar jamás.

Aquella tensión había sido producida por ella misma y, en consecuencia, también tenía el poder de librarse de ella. En su caso, para obtener la sensación deseada (una relajación de los músculos de la pelvis), lo único que tuvo que hacer fue manipular de una manera positiva en su mente la imagen de la banda elástica, en vez de usar el «cambiazo» para sustituirla por una imagen totalmente nueva. Visualizó cómo la banda elástica era soltada y empezaba a aflojarse. Unos 20 segundos después me informó de que sus músculos pélvicos se habían relajado hasta el cero de la «escala de tensión».

Había adquirido una nueva habilidad que en el futuro podría usar para que la ayudara a relajarse y «dejarse ir». El enfoque, combinado con otros ejercicios que utilizamos, le permitió enfrentarse a las relaciones sexuales de una manera mucho más tranquila y libre de tensión.

CÓMO CREAR UN ANCLA DE CALMA

¿Sabías que puedes «anclar» emociones y sensaciones a un punto determinado de tu cuerpo? En cuanto hayas creado esa ancla, podrás recordar –y en algunas ocasiones incluso revivir– las emociones y sensaciones presionando ese punto de tu cuerpo, que servirá como desencadenante de las emociones. Esta técnica, tan simple como eficaz, utiliza el talento natural para relacionar las cosas entre sí y crear asociaciones que posee la mente (véase el apartado «La ansiedad como respuesta aprendida», capítulo 2).

Normalmente el proceso de establecer asociaciones tiene lugar sin que seamos conscientes de él. Es algo que ocurre cada día. Por ejemplo, si oyes una canción que solías escuchar con mucha frecuencia hace diez años, la canción podría traer a tu mente de manera automática un torrente de recuerdos sobre lo que estabas experimentando en aquellos momentos. Si estás conduciendo y ves un semáforo en rojo, lo asociarás automáticamente con la obligación de parar. El ejercicio siguiente, que sólo debería requerir de 5 a 10 minutos, te muestra cómo puedes utilizar las asociaciones para llegar a crear tu propia ancla de calma.

Ejercicio

1 Cierra los ojos y procura sentirte lo más cómodo y a gusto posible. Piensa en un momento de tu vida en el que te sintieras muy tranquilo y relajado, como por ejemplo cuando estabas disfrutando de unas vacaciones muy agradables.
2 Imagínate en ese lugar. Sumérgete en la experiencia, y haz que sea lo más real posible explorando ese lugar con todos tus sentidos: ve lo que veías allí, oye lo que oías allí, percibe cualquier olor característico de aquel lugar y toca lo que te rodea en tu imaginación. Si la experiencia lo permite, incluso puedes utilizar tu sentido del gusto. Deja que tu respiración se vaya volviendo lenta y profunda.
3 Cuando puedas sentir la relajación de esa experiencia en tu cuerpo y en tu mente, ánclala a alguna parte de tu cuerpo: por ejemplo, algunas personas hacen que un dedo se encuentre con su pulgar. Mantén esa ancla durante el tiempo suficiente para permitir que la asociación entre ese contacto y las sensaciones de relajación llegue a producirse (normalmente eso requiere unos 20 segundos), y después suelta el ancla.

4 Pon a prueba el ancla. Si lo deseas puedes reforzar la asociación mediante la repetición, utilizando la misma experiencia o reviviendo otras experiencias relajantes y tranquilizadoras de la misma manera dentro de tu mente, y anclando esas sensaciones agradables al mismo punto.

Una vez creada el ancla, cada vez que te sientas nervioso y preocupado bastará con que ejerzas la misma presión sobre el punto elegido y enseguida notarás cómo puedes recordar o revivir las sensaciones relajantes y tranquilizadoras. Al igual que ocurre con todas las técnicas para disipar la ansiedad, es preferible utilizarla durante las primeras fases del desarrollo de la incomodidad, antes de que la ansiedad llegue a convertirse en una reacción incontrolable. ¡Ahora podrás disfrutar de la nueva seguridad que te proporciona el saber que llevas encima un ancla de calma en todo momento!

CAPÍTULO 6

Relajación y autohipnosis

De vez en cuando todos tenemos que tomarnos las cosas con calma, estar un rato a solas y limitarnos a «existir».

Eileen Caddy

Este capítulo está dividido en tres secciones principales. En primer lugar exploraremos algunos métodos de respiración relajada y una técnica para relajar todo el cuerpo; después pasaremos a una sección que contiene información general sobre la hipnosis; y finalmente examinaremos con cierto detalle la autohipnosis.

RELAJACIÓN

Muchas personas que sufren un trastorno de ansiedad pueden tener problemas a la hora de aceptar la idea de la relajación porque creen que siempre deben estar alerta y preparadas para enfrentarse al peligro. Sin embargo, la realidad de la situación es muy distinta. De la misma manera en que no es aconsejable estar constantemente relajado, estar continuamente en tensión también es una reacción indeseable. Lo que hay que hacer es alcanzar el equilibrio correcto. ¡Paradójicamente, el aprender a estar un poco menos tenso puede ayudarte a controlar mejor la situación!

La relajación tiene muchos efectos beneficiosos. Las personas que han aprendido a relajarse suelen informar de cambios tan positivos como una mejora en los hábitos de sueño y una sensación general de calma y bienestar. Kabat-Zinn y cols. (1992) descubrieron en su estudio que un programa de entrenamiento basado en la disminución del estrés y la relajación reducía de manera efectiva los síntomas de ansiedad y panico, y ayudaba a mantener ese estado en pacientes que sufrían trastorno de ansiedad generalizada, trastorno de pánico o trastorno de pánico con agorafobia.

Métodos de respiración relajada

Cuando están nerviosas, algunas personas notan que empiezan a respirar muy deprisa (hiperventilan). Esto elimina el dióxido de carbono de la sangre y puede acabar provocando síntomas como cosquilleo en los dedos, contracciones dolorosas de las manos y los pies, mareo y pérdida del conocimiento. Una manera muy sencilla de resolver este problema es seguir respirando profundamente, pero manteniendo una bolsa de papel encima de la boca para que el dióxido de carbono exhalado vuelva a ser absorbido. Este método ayuda a regular los niveles de dióxido de carbono en la sangre, lo que alivia los síntomas y ayuda a quien los padece a recuperar la calma. Al final la respiración se va volviendo más lenta hasta que se normaliza. ¡Si te ocurre esto, ten siempre a mano una bolsa de papel dentro del bolsillo!

Otras personas pueden sufrir una variedad distinta de problema respiratorio consistente en que les resulta difícil recuperar el aliento o respirar profundamente. Estas personas descubrirán que los siguientes ejercicios respiratorios les resultan muy útiles. Controlar la respiración puede hacer que tu estado emocional pase de ser negativo a ser neutral o positivo. Sucumbir a las emociones mientras se está respirando lenta y profundamente resulta muy difícil. Así pues, si te sientes tenso y preocupado y ninguna otra cosa parece ayudarte, haz unas cuantas inspiraciones de aire muy lentas y profundas. Beta Jencks (1990) ha descrito muchas formas distintas de relajar la respiración, entre las que figuran algunos de los métodos siguientes:

Respiración larga Manteniendo inmóviles los hombros, imagínate que estás inhalando a través de las yemas de los dedos y que el aire sube por tus brazos y tus hombros. Después imagínate que lo exhalas hacia el tronco, y que el aire baja por el abdomen y las piernas y acaba saliendo por los dedos de los pies. Repite el ejercicio.

Respirar a través de la piel Imagínate que inhalas y exhalas el aire a través de la piel de cualquier parte de tu cuerpo. Permite que la piel se sienta tonificada y vigorizada con cada inhalación, y deja que se relaje con cada exhalación.

Respiración abdominal Pon las manos alrededor del ombligo y concentra tu atención en esa zona. (Según la filosofía taoísta, esta parte del cuerpo es el lugar donde reside el «Chi», el centro de energía del cuerpo.) Empieza inhalando profundamente, expandiendo el estómago cuanto puedas de tal manera que las manos suban lentamente. Después exhala, tardando el doble de tiempo que habías invertido en inhalar mientras metes los músculos del abdomen hacia adentro y vas percibiendo el descenso de tus manos. Repite el ejercicio.

Llenar y vaciar una botella Cuando se echa líquido dentro de una botella, el fondo se llena antes que el centro y la parte superior. Cuando el líquido es derramado, el fondo se vaciará antes que la parte superior. Imagínate que tu tronco es una botella, y llénalo desde el fondo hacia arriba con aire inhalado. Después deja que se vacíe de la misma manera, empezando por la parte inferior del abdomen y continuando por la parte superior y, finalmente, el pecho. Repite el ejercicio no más de tres veces antes de reanudar la respiración normal.

Fármaco imaginario Mientras respiras, imagínate que estás inhalando un agente broncodilatador que relaja y ensancha los conductos del aire de tus bronquios y pulmones, permitiendo que el aire circule por ellos con más facilidad. Cuando exhales, percibe el suave aflojamiento de esos conductos del aire. Repite el ejercicio.

Piedra en el pozo Imagínate un pozo muy profundo dentro de tu abdomen. Mientras respiras, imagina que estás siguiendo la caída de una piedra que se precipita por el pozo durante cada exhalación.

Olas o mareas Acuéstate sobre la espalda, e imagínate que tu aliento fluye al compás de las olas o las mareas del océano durante dos o tres ciclos respiratorios. Siente el lento y pasivo entrar y salir del aire.

Relajación corporal progresiva

El doctor Edmund Jacobson (1939, 1974), que desarrolló la relajación progresiva, observó lo difícil que le resulta a la mente dominada por la ansiedad existir dentro de un cuerpo relajado. La relajación progresiva es una técnica muy útil a la hora de disipar la tensión muscular y, como sugiere su nombre, consiste en relajar el cuerpo gradualmente y por etapas individuales. Si quieres que el ejercicio siguiente surta todo su efecto, dedícale un mínimo de 20 minutos.

Ejercicio

1 Siéntate o acuéstate donde puedas estar cómodo y sepas que nadie va a molestarte. Cierra los ojos.

2 Ve tensando muy lentamente los músculos de los pies y mantén esta tensión durante un momento. Después deja que la tensión se vaya disipando de manera muy gradual.

3 Continúa con la flexión y la relajación, ascendiendo poco a poco por los grupos musculares del cuerpo: pantorrillas, muslos, nalgas, estómago, pecho, espalda, manos, brazos, hombros, cuello y cara. Mientras vas ejercitando los músculos, quizá quie-

ras visualizar mentalmente el aflojamiento de cada área y ver cómo se van relajando los músculos y los tejidos.

4 Disfruta de la sensación de bienestar y relajación que produce el ejercicio.

Ten paciencia y practica los ejercicios. Familiarizarte con estas técnicas y llegar a dominarlas te permitirá relajarte en cualquier lugar siempre que necesites disipar la tensión acumulada.

HIPNOSIS

Una gran parte de las creencias populares sobre la hipnosis son falsas, y eso incluye la idea de que su función principal es la de servir como entretenimiento público. Durante los últimos años la hipnoterapia (terapia experimentada en el estado hipnótico) ha adquirido una considerable respetabilidad entre la profesión médica debido a su papel terapéutico en el alivio de muchas dolencias, incluidas las relacionadas con el estrés y la ansiedad. He explorado el área de la hipnosis con cierta profundidad en obras anteriores, y he incluido parte de esos trabajos en este libro. Si te interesa la hipnosis y quieres saber más cosas sobre ella, te remito a mi libro *Health Essentials: Self-Hypnosis. Effective Techniques for Everyday Problems.*

Definir con exactitud la naturaleza de la hipnosis resulta bastante difícil. Para nuestros propósitos actuales, la mejor manera de abordar la hipnosis es considerándola como un estado de intensa relajación mental y física en el que el sujeto, aunque consciente de la realidad inmediata, experimenta una sensación de distanciamiento de ella. Normalmente la atención suele quedar dirigida hacia el interior, y estar menos concentrada que cuando el sujeto se encuentra consciente. Aunque la mayoría de personas poseen una capacidad natural para entrar en el estado de hipnosis hasta cierto grado, las personas no hipnotizables pueden incluir individuos gravemente perturbados o psicóticos y aquellos que padecen minusvalías mentales.

Un trance no tiene nada de extraño o misterioso. Es una capacidad totalmente normal, similar al soñar despierto o a la experiencia de flotar en el vacío que se experimenta unos momentos antes de quedarse dormido. Puedes experimentar la hipnosis con relativa frecuencia sin llegar a ser consciente de ello: por ejemplo, cuando por fin llegas a tu destino después de haber conducido durante un buen rato sin ser capaz de recordar nada sobre el trayecto. La parte consciente de tu mente ha quedado absorta en sus pensamientos en algún momento del viaje, y ha dejado la conducción del coche y su seguridad en manos de tu subconsciente. La hipnosis también puede ser experimentada cuando te concentras hasta tal extremo en algo (por ejemplo un libro, un programa de televisión o unos ejercicios de visualización y relajación) que pierdes la noción del tiempo y te olvidas de dónde estás.

En muchas ocasiones, las similitudes existentes entre los trances familiares de cada día y la hipnosis formal pueden hacer que los sujetos crean que no han llegado a ser hipnotizados meramente porque esperaban que la experiencia fuese única o que tuviera algún aspecto realmente espectacular. Cuando no han sido «sumidos en el trance» y no han visto «desaparecer» lo que les rodeaba, se sienten decepcionados. Esas expectativas y creencias infundadas sobre la hipnosis suelen tener su origen en su uso dentro del mundo del espectáculo y en las descripciones inadecuadas que dan de ella las novelas y las películas. Para nuestros propósitos, la distinción principal entre los trances cotidianos y la hipnosis formal consiste en que esta última implica la utilización del estado hipnótico y del poder de la sugestión con vistas a obtener ciertos resultados o alcanzar determinadas metas.

En el capítulo 4 exploramos la idea de que la mente procesa la información tanto consciente como subconscientemente. Durante el estado de vigilia total la parte consciente de la mente tiende a ser muy crítica, y suele mostrar una tendencia al exceso de análisis cuando tiene que resolver un problema. En muchas ocasiones esto puede llevar a resultados tan poco productivos como la indecisión, la negativa a actuar y una ansiedad excesiva. La diferencia entre la práctica de la autohipnosis y el uso del discurso interno y las técnicas de visualización descritas anteriormente estriba en que la autohipnosis requiere una participación consciente mucho menor. Si hay menos probabilidades de que la mente consciente –que suele estar poco dispuesta a ayudar– pueda interferir en el proceso, el sujeto queda parcialmente liberado de la lógica normal, lo cual permite que el subconsciente pueda mostrarse más atento y receptivo a la terapia bajo la forma de las sugestiones y las imágenes mentales.

Los instrumentos que miden la actividad del cerebro han demostrado con toda claridad que hay una diferencia entre las pautas electroencefalográficas registradas durante el sueño y las registradas durante la hipnosis. Cuando estás bajo hipnosis, te encuentras a medio camino entre el estar consciente y el estar dormido. Cuanto más profunda sea la hipnosis, más te irás acercando al estado del sueño. En un estado de hipnosis leve, te encontrarás más cerca del estar plenamente despierto. Al no estar dormido, seguirás siendo consciente de la mayor parte de lo que te rodea y recordarás toda la experiencia. La amnesia, que es un estado muy distinto al «olvido normal», normalmente sólo se producirá si se te han administrado sugestiones específicas al respecto.

En contra de lo que afirman los mitos sobre la hipnosis, durante el trance conservarás el control de ti mismo (es decir, que no harás nada que no quieras hacer). Sólo las sugerencias que no contradigan tus intereses fundamentales serán seguidas hasta convertirse en experiencias factuales. Sin embargo, e incluso cuando no estamos hipnotizados, a veces podemos ser engañados por personas muy persuasivas para que hagamos algo que en realidad no nos beneficia. En teoría, lo mismo podría ocurrir en presencia de un hipnotizador carente de escrúpulos. Por lo tanto, la prudencia aconseja no permitir jamás que una persona no cualificada utilice la hipnosis contigo.

Obviamente, todo esto no tendrá ninguna relevancia cuando estés usando la autohipnosis, donde tú serás al mismo tiempo el hipnotizador y el sujeto, ya que te irás guiando a ti mismo hacia el estado hipnótico y elegirás tus propias sugestiones positivas. A medida que vayas incorporando la práctica de la autohipnosis a tu rutina cotidiana, también irás descubriendo que la hipnosis, más que un proceso para controlar a la gente, es un medio de reforzamiento del individuo que ayuda a sentirse más dueño de la propia vida.

AUTOHIPNOSIS

La autohipnosis tiene un efecto similar a la meditación en el sentido de que estimula la parte derecha del cerebro, que es la parte responsable de la consciencia interior, la pasividad, los sentimientos de calma y paz y las sensaciones inconcretas y no definidas. Cuando practiques la autohipnosis, es importante que no trates de relajarte. ¡La persona que intenta dormir de noche normalmente siempre es la que acaba pasando toda la noche despierta con un libro! Permítete relajarte a tu propio ritmo y de la manera que más te convenga hasta llegar al nivel de relajación que te resulte más cómodo.

También debes ser consciente de que los estados de trance suave permiten trabajar de una manera muy efectiva casi todas las áreas, por lo que el tiempo que dediques a obsesionarte con alcanzar estados de trance profundos podría ser dedicado a obtener resultados mucho más productivos. A medida que transcurra el tiempo, probablemente descubrirás que a veces entras de manera natural en estados más profundos sin tener que hacer nada de particular. La autohipnosis, como cualquier otra habilidad, se desarrolla y se va volviendo más fácil de emplear con la práctica. El que entres en estados de hipnosis profunda o no carece de importancia: concentrarse en los efectos beneficiosos que quieres obtener del estado hipnótico, sea cual sea el nivel de trance al que llegues, te resultará mucho más productivo. Por encima de todo lo demás, lo realmente importante es tu motivación y tu deseo de obtener cambios positivos.

Terapia con imágenes mentales y palabras

El capítulo 5 de este libro ya te ha dado algunas ideas acerca de cómo usar las imágenes mentales de manera terapéutica a través del empleo de las técnicas de visualización. Ejercitar y desarrollar tu sentido visual en tu imaginación también puede ayudarte a enriquecer tu experiencia de la autohipnosis. Se suele decir que la imaginería mental es el lenguaje del subconsciente y que es un método de autoterapia muy poderoso, tanto si se está totalmente consciente como si se practica la autohipnosis.

En el capítulo 4 dedicamos algunos párrafos a examinar la estructura de las sugestiones en el discurso interno para asegurar que puedan surtir su efecto de la manera más positiva posible. Obviamente, las mismas reglas siguen siendo válidas cuando empleas las sugestiones contigo mismo en el estado hipnótico, y existen varias maneras de hacerlo cuando se practica la autohipnosis. Decide cuál prefieres emplear.

1 *Hablar contigo mismo* Consiste sencillamente en que te repitas mentalmente las sugestiones mientras estás practicando la autohipnosis. Sin embargo, algunas personas se encuentran con que cuando alcanzan un estado de trance más profundo su mente consciente puede acabar estando tan relajada y «a la deriva» que emitir las sugestiones puede llegar a exigirles un auténtico esfuerzo. Los dos sistemas siguientes de transmisión de las sugestiones permiten superar este problema.
2 *Sugestiones escritas* Consiste en poner por escrito tus sugestiones antes de iniciar la autohipnosis y leerlas unas diez veces para que tu mente se familiarice con ellas. Luego deberás decirte a ti mismo algo del estilo de «Cuando practique la autohipnosis, quiero que mi subconsciente re-

fuerce estas sugestiones y que ayude a convertirlas en una realidad de manera adecuada dentro de mi vida». Después podrás iniciar la autohipnosis con la tranquilidad que te proporcionará el estar seguro de que aunque tu mente consciente acabe totalmente «a la deriva», las sugestiones que hayas elegido podrán ser empleadas en ese nivel más profundo de tu mente. En realidad, lo que has hecho es preprogramar tu subconsciente para que trabaje durante un rato sobre las sugestiones mientras utilizas la autohipnosis.

3 *Grabar una cinta* Hay disponible en el mercado un gran número de cintas de autohipnosis, muchas de las cuales son muy buenas. Pero estas cintas han de ser lo bastante flexibles para poder ser utilizadas por el gran público, por lo que tienden a ser de naturaleza más bien general. Nadie sabe mejor que tú (o tu terapeuta, si estás trabajando con uno) cuáles son las zonas sobre las que quieres trabajar y en las que quieres obtener resultados.

Por lo tanto, lo que puedes hacer es grabar tu propia cinta y adaptarla de manera específica a tus objetivos particulares. Este capítulo contiene una estructura completa para la autohipnosis que puedes leer en voz alta y grabar en una cinta, incluyendo las sugestiones que te parezcan más importantes para tu caso particular. Si te parece que eso hará que tus sesiones de autohipnosis resulten más agradables, también puedes añadir una música de fondo suave. Una vez que hayas grabado la cinta, lo único que tendrás que hacer cuando desees dedicar algún tiempo a la autohipnosis será introducir tu cinta de autohipnosis en la grabadora, «dejarte ir» conscientemente y permitir que tu subconsciente haga todo el trabajo.

Precauciones y consideraciones prácticas

Al ser la hipnosis un estado que se produce de manera natural, y a diferencia de lo que ocurre con el uso de ciertos medicamentos, no lleva asociados efectos secundarios negativos. De hecho, en cuanto te hayas asegurado de que sólo empleas sugestiones positivas los únicos efectos secundarios que puedes esperar de la experiencia serán cambios constructivos en el área de tu vida sobre la que hayas decidido trabajar. Sin embargo, y aun así, cuando se usa la hipnosis sigue siendo aconsejable adoptar ciertas precauciones:

1 Si tienes un historial de epilepsia, evita usar la autohipnosis y la hipnoterapia. Existe una pequeña probabilidad de que el estado alterado de la hipnosis pueda provocarte un ataque.
2 No practiques nunca la autohipnosis mientras estés llevando a cabo cualquier actividad que requiera que estés plenamente consciente, como por ejemplo conducir. Si conduces después de una sesión de autohipnosis, siempre debes asegurarte de que has vuelto del todo a la «normalidad» antes de sentarte detrás del volante.

Para asegurar que tus sesiones de autohipnosis sean lo más agradables posible, escoje un lugar en el que te sientas cómodo y protegido. Asegúrate de que no te molestarán: por ejemplo, descuelga el teléfono y haz saber a quienes te rodean que deseas estar a solas durante un rato. Si no puedes evitar tener que soportar una cierta cantidad de ruido exterior y distracciones, el escuchar música relajante mediante unos auriculares tal vez te ayude. En vez de tratar de ignorar cualquier ruido que consiga seguir filtrándose a través de la música, puedes decidir sacarle provecho. Por ejemplo, podrías unir algunas sugestiones positivas que produzcan un efecto de relajación a esos ruidos de la manera siguiente: «Como estoy oyendo reír a esos niños, yo también puedo sentirme alegre y feliz». Reconocer la existencia de los ruidos y utilizarlos positivamente de esta manera puede hacer que acaben volviéndose imperceptibles con el paso del tiempo.

A menos que desees utilizar la autohipnosis para que te ayude a conciliar el sueño, es preferible practicarla estando sentado en un sillón cómodo a hacerlo acostado sobre la cama. Recuerda que tu objetivo es llegar a colocarte en un estado a medio camino entre el sueño y la vigilia, y no el quedarte totalmente dormido. Puedes controlar la cantidad de tiempo que pasas en estado de hipnosis mediante un despertador o, antes de empezar, con una sugestión sencilla del estilo de «Abriré mis ojos dentro de 20 minutos». ¡Quizá quedes agradablemente sorprendido ante la exactitud con que funcionan este tipo de sugestiones!

Una estructura para la autohipnosis

El siguiente ejercicio muestra una posible estructura para la autohipnosis. Es flexible, y puede ser adaptado a tus necesidades específicas de la manera en que te parezca más conveniente. Intenta ser lo más creativo posible en el uso de las sugestiones y las imágenes mentales (véanse capítulos 4 y 5).

Ejercicio

1 Siéntate y ponte cómodo. Cierra los ojos. Date permiso a ti mismo para usar este inapreciable período de tiempo única y exclusivamente en tu beneficio.

2 Concéntrate en tu respiración. Permite que tu mente vaya siendo consciente de las distintas sensaciones que experimentas a medida que respiras. Esto incluye el subir y bajar de la caja torácica, y el que el aire sea un poco más frío cuando lo inhalas y un poco más caliente cuando lo exhalas. Dejarte absorber por el ritmo de tu respiración puede llegar a ser una experiencia sumamente relajante. Deja que tu respiración se vaya haciendo más lenta hasta que se vuelva apacible y tranquila, pero no trates de forzar el proceso.

3 Sé consciente de cualquier tensión que haya en tu cuerpo o en tu mente, y permite que salgan de tu cuerpo y de tu mente cuando EXHALES. Cada nueva exhalación hará que cualquier tensión que pueda haber dentro de ti se vaya disipando a medida que eliminas las tensiones de tu cuerpo con este método tan especial.

4 Cuando INHALES, permite que la calma y el bienestar entren en tu cuerpo. Poco a poco, y a medida que vayas expulsando las tensiones de tu cuerpo con cada exhalación y dejes entrar la calma y el bienestar con cada inhalación, te bastará con seguir respirando para sentirte lleno de calma y paz. Da permiso a cada nervio, músculo y fibra de tu cuerpo para que se relajen. (Si lo deseas, puedes incorporar a esta relajación los métodos de respiración relajada y relajación corporal progresiva descritos anteriormente.) Anima a las sensaciones de bienestar de la parte más relajada de tu cuerpo a que se vayan extendiendo poco a poco hasta que acaben difundiéndose por todo tu cuerpo.

5 Visualiza en tu mente cinco escalones que descienden hacia un lugar que te resulte especialmente relajante. Por ejemplo, puedes visualizar una playa, un jardín o un bosque. Permítete sentir cómo la calma y la relajación se intensifican con cada escalón que bajas. Ve contando los escalones, del 1 al 5, con cada exhalación o cada dos exhalaciones. Esto puede reforzar el efecto de relajación y hacer que la respiración se vuelva todavía más tranquila y profunda.

6 Cuando hayas llegado a ese lugar especial, utiliza todos tus sentidos para explorarlo dentro de tu mente. Haz que parezca lo más real posible: ve lo que verías allí, oye los sonidos que podrías escuchar en un lugar de esas características y aspira los aromas que flotan en el aire. Disfruta al máximo de tu visita mental a ese lugar tan maravilloso.

7 Busca un sitio cómodo para sentarte en tu paisaje mental y trabaja sobre tus objetivos de cambio positivo utilizando las sugestiones y las imágenes mentales que hayas elegido.

8 Sube por los escalones. Cuenta del 5 al 1 con cada inhalación, lo cual puede ayudarte a ir saliendo de la hipnosis.

9 La última sugestión antes de que abras los ojos: «Cuando abra los ojos podré sentirme muy descansado, tranquilo y lleno de calma».

10 Abre los ojos. ¡Percibe lo maravillosamente bien que puedes llegar a sentirte, y estírate como si acabaras de levantarte de un sueño reparador!

CAPÍTULO 7

Cómo enfrentarse a la ansiedad

La única manera de librarse del miedo a hacer algo es salir y hacerlo. Siente el miedo..., y hazlo de todas maneras.

Susan Jeffers

Como se ha observado en el capítulo 2, y particularmente en el caso de los trastornos de ansiedad fóbicos, en algunas personas la aparición de la fobia puede estar asociada a un acontecimiento desagradable, aterrador o traumático. El recuerdo de este acontecimiento puede seguir afectando de manera adversa a esas personas en sus vidas actuales. En este capítulo investigaremos qué se puede hacer para enfrentarse a las emociones negativas asociadas con un recuerdo pasado de esas características y combatirlas. A continuación vendrá una exploración práctica de las formas en que puedes enfrentarte a la situación o el objeto de tu miedo en el presente.

CÓMO DEBILITAR O NEUTRALIZAR EMOCIONES NEGATIVAS ASOCIADAS A UN RECUERDO DEL PASADO

Muchos de nosotros tenemos recuerdos negativos que nos acosan de vez en cuando, pero que no interfieren de manera excesiva en nuestras vidas. Algunas personas, sin embargo, tienen que enfrentarse a ciertos malos recuerdos que pueden ejercer una influencia muy perturbadora sobre su presente y su futuro.

Una clienta de mi consulta superó una fobia a escribir en público que parecía tener su origen en un recuerdo de sus días escolares, cuando un profesor se puso a gritarle de una manera tan desaforada que la mano le empezó a temblar violentamente mientras intentaba escribir. El resto de la clase se dio cuenta de lo que ocurría, y mi clienta se sintió muy avergonzada. De adulta descubrió que cada vez que tenía que escribir en público (por ejemplo en el banco) este recuerdo invadía su mente y su mano empezaba a temblar, lo cual creaba otra situación muy incómoda para ella. Cuando vino a verme, ya estaba convencida de que lo mejor que podía hacer era evitar todas las situaciones que la obligaran a escribir en público. Sea cual sea tu caso, y tanto si se trata de un recuerdo que sólo te molesta levemente como si te enfrentas a uno que produzca un efecto tan incapacitante como el que acabo de describir, en esta sección deberías poder encontrar una técnica que te ayude.

El pasado ha quedado atrás. Ahora sólo existe de la manera en que hemos decidido recordarlo en nuestras mentes. Esto es una buena noticia, dado que podemos cambiar los recuerdos y sus efectos. Quizá te estés preguntando si el «manipular» las creencias que has obtenido de la experiencia y que te han ayudado a tomar decisiones en tu vida no puede resultar peligroso. Es una buena pregunta, pero no debemos olvidar que los recuerdos son muy poco fiables.

¿Qué es un recuerdo? Un recuerdo no es más que un registro de la última vez en que has recordado ese recuerdo. Todos somos conscientes de hasta qué punto pueden llegar a distorsionarse y volverse imprecisos los recuerdos con el paso del tiempo. Además, cuando estaba siendo formado inicialmente el recuerdo sólo era una interpretación de la situación a la que te estabas enfrentando en aquel momento. Por lo tanto, el preguntarte si realmente haces bien al introducir en tu mente un programa inflexible para que gobierne el resto de tu vida sobre la base de un recuerdo que fue formado de esa manera no tiene nada de ilógico.

Para asegurar que cualquier lección valiosa aprendida en

el pasado no quedará borrada, y en vez de eliminar por completo los recuerdos de nuestras mentes, a veces es preferible modificarlos de tal manera que se reduzcan o neutralicen las emociones negativas asociadas a ellos. Además, al emplear estas técnicas únicamente queremos trabajar sobre los miedos irracionales y las ansiedades. Por ejemplo, y en el caso de una persona que tiene el recuerdo de haber sido mordida por un perro, cambiar la muy adecuada cautela que ahora experimenta cuando está en presencia de un perro quizá no sea demasiado prudente. Sentir esa emoción es perfectamente racional. No perturba la vida de la persona, y puede servir para protegerla en el futuro.

Cómo trabajar sobre un recuerdo que genera emociones no demasiado intensas o traumáticas

El ejercicio siguiente es una adaptación de una técnica de PNL conocida como «cambiar la historia personal», y proporciona un medio muy útil de trabajar sobre un recuerdo cuando las emociones negativas que genera no son demasiado intensas o traumáticas. (Después de este ejercicio describiremos algunos métodos para tratar los recuerdos que provocan emociones más intensas.) Dependiendo de cuál sea el tipo de recuerdo sobre el que desees trabajar, quizá te sientas más cómodo practicando esta técnica en presencia de un amigo de confianza, o contando con la ayuda de un terapeuta que tenga experiencia en el uso de la PNL.

Ejercicio

1 Ponte cómodo y cierra los ojos.
2 Identifica la emoción sobre la que deseas trabajar (como por ejemplo ansiedad, miedo o incomodidad).
3 Permite que tu mente retroceda en el tiempo hasta volver a tus recuerdos del primer momento en que experimentaste esa emoción.

4 En una escala de «emociones nocivas» que vaya del 1 al 10 (con 10 sobre 10 siendo la emoción más negativa que puedes llegar a experimentar), piensa en el número que representa hasta qué punto te has sentido mal cuando recordaste el incidente.
5 Elige un recurso personal que te resultó útil en esa situación en el pasado (por ejemplo confianza, decisión o una sensación general de calma).
6 Crea un ancla (véase el capítulo 5) para ese recurso y pon a prueba esa ancla positiva.
7 Activar esa ancla te permitirá retroceder mentalmente una vez más hasta el recuerdo sobre el que deseas trabajar. Desde una perspectiva disociada (desde fuera y mirando hacia adentro), observa en qué habría cambiado tu reacción al contar con ese nuevo y útil recurso.
8 Ahora asóciate con ese recurso dentro del recuerdo (entra en el recuerdo) y desarrolla la experiencia en tu mente como si estuviera volviendo a ocurrir. Observa cómo tu nueva conducta altera toda la experiencia y la reacción de cualquier otra persona que pudiera estar presente en el recuerdo, produciendo un resultado más agradable.
9 Si hay algo que no te gusta del recuerdo tal como ha sido experimentado de esta nueva manera, vuelve a la fase 5 de este ejercicio para identificar y crear nuevos recursos que puedan ser introducidos en el recuerdo. (Imaginarse cómo se habría enfrentado a la situación contenida en el recuerdo alguien a quien admiras mucho y experimentarte después a ti mismo sintiendo y actuando de la misma manera puede serte de gran ayuda. Como se ha observado en el capítulo 3, este modelo que ejemplifica la conducta deseada puede ser alguien a quien conozcas, o un personaje ficticio creado por tu imaginación.)
10 Cuando estés satisfecho del recuerdo (es decir, cuando te parezca que ya no puede ser mejorado) deja de agarrarte a tu ancla y abre los ojos.
11 Piensa en ese recuerdo e intenta volver a sentir las «viejas emociones». Observa cómo se ha reducido el número que habías elegido para representar esa emoción negativa al comienzo del ejercicio. (Si no estás contento con el resultado final, puedes volver a la fase 5 para introducir nuevos recursos.)

Cómo trabajar sobre un recuerdo que genera emociones intensas o traumáticas

Ahora vamos a examinar algunas formas de trabajar sobre un recuerdo más traumático que produce emociones negativas más intensas que aquellas sobre las que hemos trabajado en el ejercicio anterior. Si tu recuerdo está representado normalmente por una imagen principal, el ejercicio siguiente es muy adecuado para trabajar sobre él. Pero si el recuerdo está almacenado en tu mente bajo la forma de una película mental formada por muchas imágenes consecutivas, entonces el ejecicio siguiente resultará más adecuado. Si el recuerdo sobre el que deseas trabajar produce emociones negativas muy intensas, te aconsejo que utilices las técnicas de PNL siguientes con la ayuda de un terapeuta de PNL experimentado.

Ejercicio

1 Escoge un recuerdo sobre el que desees trabajar. Cuando pienses en el recuerdo, fíjate en qué imagen acude a tu mente.

2 Si 10 sobre 10 es la peor emoción que puedes llegar a sentir en una escala de «emociones nocivas» que vaya del 1 al 10, piensa en un número que represente lo mal que te sientes mientras contemplas esa imagen.

3 Ponte cómodo y cierra los ojos. Permite que el recuerdo aparezca en tu mente y sé consciente de él.

4 Ahora podemos empezar a experimentar introduciendo ciertas alteraciones en esa imagen, de manera similar a como hicimos en el método para trabajar sobre los pensamientos negativos persistentes (véase el capítulo 4). Anota las alteraciones que debilitan la emoción nociva o que la neutralizan por completo.

5 Puedes experimentar con las manipulaciones siguientes, devolviendo siempre la imagen a su estado «normal» antes de probar una nueva alteración.

Color Pasa la imagen al blanco y negro, o intensifica los colores.
Distancia Aléjala o acércala.
Nitidez Haz que la imagen se vuelva más borrosa o más definida.

Sonido Añade sonido extra (por ejemplo una música agradable) o elimina el sonido. Experimenta con el volumen.
Perspectiva Sal de la imagen (disóciate de ella) y obsérvate a ti mismo dentro de la imagen desde esa perspectiva. También puedes probar a entrar en la imagen (asociarte a ella).
Humor Por ejemplo, si hay otras personas en el recuerdo, ¡vístelas con trajes de payaso! ¡Sé creativo!
Esta lista no es exhaustiva. Puedes ir inventando otras alteraciones hasta que tus experimentos te hayan proporcionado toda una serie de alteraciones que te ayuden a librarte de las emociones negativas.

6 Ahora, respirando despacio y profundamente, visualiza el recuerdo con todas las manipulaciones que neutralizan o debilitan esas emociones negativas. Por ejemplo, podría ocurrir que pasar la imagen al blanco y negro, alejarla, volverla borrosa y mantenerte disociado de ella neutralizara las emociones. (Si continúas sintiendo un grado de negatividad superior al que puedes soportar sin problemas, vuelve una vez más a la fase de experimentación.)

7 Visualiza la imagen bajo esta «nueva» forma cinco veces seguidas, abriendo los ojos después de cada visualización.

8 Ahora echa un vistazo a tu «antigua» manera de recordar el recuerdo (¡si tu mente te permite hacerlo!) y fíjate hasta qué punto ha disminuido el número que habías elegido para representar las emociones negativas al principio del ejercicio. El recuerdo debería producirte menos negatividad que antes o, idealmente, debería haberse vuelto neutro. De no ser así, vuelve a la fase 5. El cambio producido en lo que sientes puede ser transferido a tu manera de comportarte y alterar tu conducta en el futuro.

Uno de los casos que he tratado te dará una idea de lo útil que puede llegar a ser esta técnica en la práctica. Recuerdo haber usado esta técnica con una clienta a la que no le gustaba salir de casa porque temía tener que utilizar un lavabo público. Me dijo que los lavabos públicos le producían una sensación de claustrofobia y ataques de pánico.

Conseguimos sacar a la luz un recuerdo (véase el capítulo 8) de cuando tenía siete años de edad y había ido al hospital para que le sacaran las amígdalas. La forma en que se anestesiaba a los pacientes por aquel entonces –colocando una mascarilla sobre la boca para que inhalasen éter– supuso una experiencia bastante aterradora para esa niña. Mi clienta recordó la habitación en la que había estado: tenía baldosas de color crema y cañerías en la pared, ¡y se parecía un poco a algunos lavabos! Además, aquella habitación no tenía ventanas. De adulta había descubierto que por muy apremiante que pudiera llegar a ser la llamada de la naturaleza, le resultaba imposible entrar en cualquier lavabo público que no tuviera ventanas.

Es muy posible que en algún nivel de su mente aquella señora hubiera establecido una asociación entre la sensación de terror y pánico y el entorno hospitalario, y que después la asociación se hubiera generalizado a los lavabos públicos. Treinta y ocho años después, aquel temor seguía adueñándose de su mente cuando entraba en un lavabo público.

Utilizamos la técnica haciendo que visualizara en su mente el recuerdo de cuando estuvo en el hospital. Experimentó una puntuación de 8 sobre 10 en una escala de «pánico» (con 10 sobre 10 indicando el pánico más intenso que había sentido jamás). Hice que experimentara con ciertas alteraciones y que las introdujera en el recuerdo, y anotamos todas las que ayudaban a calmar la sensación de pánico.

Cuando juntamos todas esas manipulaciones positivas del recuerdo, acabamos con mi clienta viéndose a sí misma en una habitación más grande que tenía ventanas. Las paredes estaban cubiertas con un papel de flores blancas, ¡y el personal del hospital iba vestido de color rosa! Como fondo sonoro eligió escuchar su canción favorita *(Morning Has Broken).* Visualizando el recuerdo de esa manera sintió un 0 sobre 10 en la escala de «pánico».

A la semana siguiente me contó que se había «puesto a prueba a sí misma» yendo a muchos lavabos públicos de las calles de la ciudad y de los grandes almacenes. Me informó de que la «nueva manera» de ver su recuerdo del hospital acudía a su mente antes de entrar en cada uno de ellos. Una vez dentro, si no le gustaba el aspecto del lavabo (por ejemplo, si no tenía ventanas), se limitaba a imaginárselo tal como le habría gustado que fuera, ¡y fingía que era así! Eso le permitía sentirse tranquila y seguir actuando con normalidad. Se describió a sí misma diciendo que se había convertido en «un yo distinto».

Algunas personas se encuentran con que su recuerdo no puede ser representado de manera efectiva por una sola imagen, y descubren que está almacenado en su mente bajo la forma de una película mental compuesta por muchas imágenes consecutivas. La siguiente técnica de PNL resulta muy adecuada para ese tipo de recuerdos, y es particularmente apreciada por su efectividad con las fobias y los recuerdos traumáticos.

Ejercicio

1 Elige un recuerdo sobre el que quieras trabajar.
2 Elige un número del 1 al 10 para representar lo desagradable que te resulta este recuerdo en una escala de «emociones negativas» (con 10 sobre 10 representando el máximo de negatividad que puedes llegar a sentir).
3 Ponte cómoda, cierra los ojos e imagínate que estás sentada en un cine contemplando una pantalla vacía.
4 Ahora comienza a visualizar el recuerdo en la pantalla, empezando por el punto anterior al inicio de las emociones negativas. Mantén esa primera imagen en la pantalla y quítale el color. Después imagínate que sales de tu cuerpo y que flotas por el aire hasta llegar a la cabina de proyección del cine, con lo que puedes verte a ti misma en el cine, sentada en una butaca y viéndote a ti misma en la pantalla (véase la figura 8).
5 Una vez dentro de la cabina de proyección, pulsa un botón del proyector que hace avanzar la película mental. Visualiza la película desde el comienzo hasta el final en blanco y negro desde la perspectiva de la cabina de proyección. Mantén la última imagen del recuerdo en la pantalla.
6 Ahora salta de la cabina de proyección y ve flotando por el aire hacia esa última imagen del recuerdo congelada en la pantalla. Da color a la imagen y haz retroceder la película a toda velocidad en un segundo.

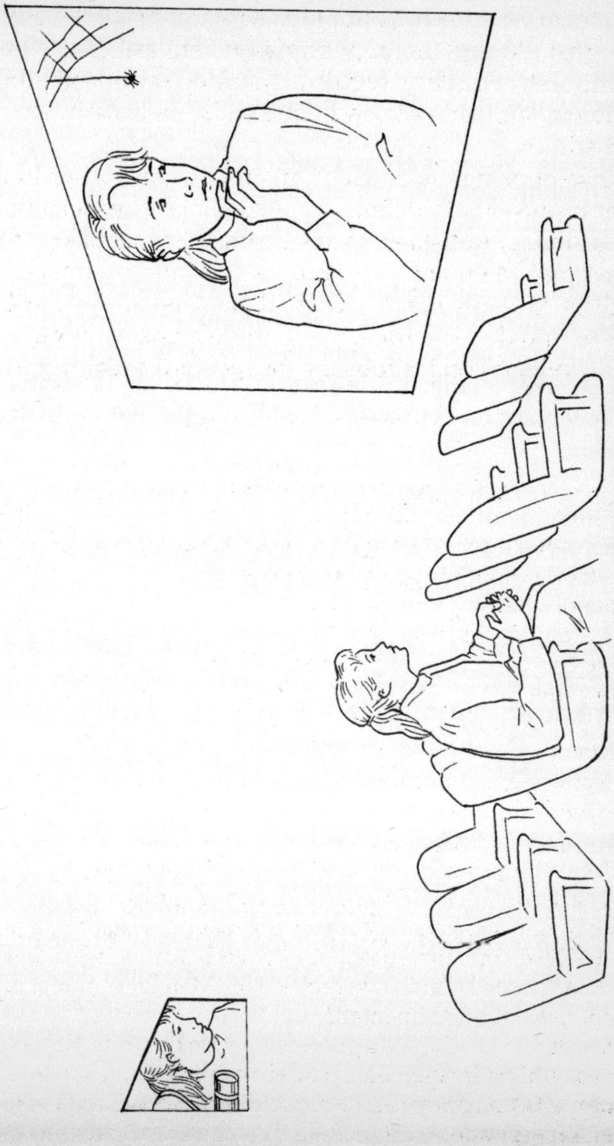

Figura 8 *Desde la perspectiva de la cabina de proyección, viéndote a ti misma en el cine mientras estás sentada viéndote en la pantalla.*

7 Repite las fases 5 y 6 cinco veces
8 Ahora vuelve a introducirte en tu cuerpo, que sigue sentado en la butaca del cine, y visualiza la película desde el comienzo hasta el final en blanco y negro. Respira despacio y profundamente, y observa cómo se ha reducido el número que habías elegido al principio. Si es necesario, experimenta con otras alteraciones (véase la técnica anterior) para debilitar todavía más o neutralizar del todo las emociones negativas.

Se ha dicho que esta técnica actúa destruyendo la pauta habitual de la memoria. Al rebobinar la cinta muy deprisa, parece producirse una confusión o borrado de la función activadora desempeñada por la imagen inicial de la secuencia. Repite la técnica en el futuro si el efecto inmediato positivo se desvanece.

CÓMO ENFRENTARSE A LA ANSIEDAD Y EL MIEDO EN EL PRESENTE

Después de haber trabajado sobre cualquier recuerdo del pasado que te parezca ha estado afectándote de manera adversa, estarás más preparado para enfrentarte a las situaciones u objetos de tu miedo en el presente.

La necesidad de correr riesgos

El aspecto más importante del tratamiento del miedo es la exposición a ese miedo. Cuanto más evites la situación o el objeto de tu miedo, más se incrementará tu ansiedad. Esto, a su vez, refuerza las conductas que evitan enfrentarse al miedo. A medida que vas corriendo cada vez menos riesgos, tu mundo se va volviendo más y más limitado.

En su *Guide to Rational Living*, Albert Ellis (1962) observa que una expectativa nada realista que causa muchísimo estrés y ansiedad es la de que deberíamos hacerlo todo a la perfección. En vez de insistir en las sensaciones de bienestar y exigir una «actuación impecable» cada vez que corres un riesgo, ver la ocasión como una oportunidad de practicar las habilidades para enfrentarse a los problemas descritas en este libro puede serte de gran ayuda. Enfrentarte a situaciones incómodas o desagradables puede ser un buen entrenamiento para tratar directamente con tus miedos.

En consecuencia, y sea cual sea el resultado, cada vez que te atreves a correr un riesgo tienes todo el derecho del mundo a sentirte satisfecho. El mero hecho de correr ese riesgo ya resulta beneficioso. Es una situación en la que no puedes salir perjudicado ocurra lo que ocurra. Como observaba Pam, una agorafóbica en vías de curación: «Tener que ir a ciertos sitios todavía me pone bastante nerviosa, pero normalmente lo intento. Cuando he hecho algo o he ido a algún sitio que me da miedo, me siento muy satisfecha de mí misma». El único fracaso posible es el que supone no estar dispuesto a correr ese riesgo.

Saber que puedes enfrentarte a lo peor

Cuando te enfrentes a la ansiedad y el miedo, tal vez te ayude hacerte las siguientes preguntas:

- ¿Cuál podría ser el peor resultado posible de esto?
- ¿Qué probabilidad hay de que llegue a ocurrir?
- ¿Podría soportarlo?

Esto es emplear lo que el doctor David Burns (1990) llama la «Técnica del Y-Si», que consiste en imaginarse una situación en la que tus peores temores se conviertan en realidad. Si acabas llegando a la conclusión de que puedes soportar que ocurran esas cosas, entonces te habrás liberado de tus miedos.

Digamos que temes hacer el ridículo delante de otras personas. Si tu peor miedo llega a convertirse en realidad, entonces quizá pienses que todo el mundo cree que eres un estúpido. Pero hazte estas dos preguntas:

- ¿Qué probabilidades hay de que lleguen a pensar y decir esas cosas de ti?
- Si lo piensan, ¿realmente importa?

La verdad es que en general la gente no malgastará su tiempo juzgándote y hablando de ti, ¡y que el que malgastes tu tiempo pensando en las personas que puedan llegar a hacerlo no te servirá de nada! Lo más importante es la opinión de ti mismo que tengas. Si quieres contar con la aprobación de todos los que te rodean, entonces nunca conseguirás vencer tus temores. ¡No conozco a nadie que le caiga bien a todo el mundo!

Normalmente el enfrentarse a la ansiedad y a los miedos de esta manera te demostrará que distan mucho de ser tan terribles como te habías imaginado. Esta técnica ayuda a ver las cosas desde una perspectiva realista.

Desensibilización sistemática

Dependiendo de cuál sea tu nivel de su ansiedad o miedo, quizá sería aconsejable que utilizaras la técnica siguiente con un terapeuta experimentado. En vez de quedar expuesto de repente a la situación o el objeto que induce el problema (un proceso conocido como «inundación»), se puede usar una técnica estándar conocida como «desensibilización sistemática». Este método, cuyo valor terapéutico es inapreciable, emplea un enfoque más gradual. Aunque no es esencial, practicar el ejercicio siguiente hallándose en estado hipnótico puede resultar particularmente beneficioso (véase el capítulo 6). Ten paciencia, y dedica varias semanas a ir familiarizándote con esta técnica.

Ejercicio

1 Construye una escalera de objetivos de diez peldaños que vayan desde el que produzca menos ansiedad hasta el que produzca más ansiedad. Por ejemplo, si padeces agorafobia, podrías construir una escalera similar a la siguiente:

i) Ponerte el abrigo como preparación para salir de casa.
ii) Ir hasta la puerta principal.
iii) Alejarte unos cuantos pasos de la puerta principal mientras estás acompañado por un amigo.
iv) Alejarte unos cuantos pasos de la puerta principal estando solo.
v) Ir hasta alguna tienda del barrio y volver a casa, acompañado por un amigo tanto a la ida como a la vuelta.
vi) Ir hasta alguna tienda del barrio y volver a casa sin estar acompañado.
vii) Ir a una tienda del centro acompañado por un amigo.
viii) Ir a una tienda del centro sin estar acompañado.
ix) Pasar cinco minutos en un centro comercial lleno de gente con un amigo.
x) Pasar cinco minutos en un centro comercial lleno de gente sin estar acompañado.

Construye tu propia escalera con los escalones que resulten más adecuados a tu situación particular.

2 Cuando estés relajado, practica mentalmente la primera fase de la escalera. Visualízala y experiméntala con el mayor detalle posible. Utiliza las sugestiones positivas y las imágenes mentales para que te ayuden a seguir estando tranquilo y relajado. Si te sientes incómodo en algún momento, abandona temporalmente la escena mental y concéntrate en permitir que tu respiración se vuelva más lenta y relajada antes de regresar a esa fase de la escalera.

3 No lleves a cabo esa fase en la realidad hasta que el imaginarla no te produzca ninguna inquietud. (Es preferible hacer esto inmediatamente después de tu sesión de relajación.)

4 Practica tu primera fase varias veces en la realidad hasta que te sientas capaz de pasar a la segunda fase, y entonces procede de la misma manera.

5 Ve subiendo por la escalera sin apresurarte, asegurándote siempre de que ya has aceptado mentalmente la fase antes de lle-

varla a cabo en la realidad. Sentirás la tentación de ir demasiado deprisa..., ¡así que resístela!

6 Después de haber completado cada fase, recompénsate de alguna manera.

CAPÍTULO 8

Explorando la mente

Si el éxito total se te resiste, no te desanimes... Muchos de nosotros tenemos que cargar con emociones y actitudes subyacentes que pueden suponer un freno para nuestros esfuerzos.

Shakti Gawain

Como se ha observado en el capítulo 3, cuando se padece un trastorno de ansiedad es importante tener unas expectativas realistas respecto a la rapidez con que se producirá la mejoría. Sin embargo, ¿qué sucede si llevas algún tiempo utilizando la autoterapia pero no pareces estar más cerca de alcanzar tus objetivos que antes de haber empezado a usarla? Si éste es tu caso, y como ya hemos visto, es posible que tu situación te beneficie de alguna manera y/o que existan razones subyacentes para tu conducta de las que no eres consciente y que deben ser abordadas. En ese momento la ayuda de un terapeuta experimentado puede resultarte particularmente útil. Como te mostrará este capítulo, hay muchas cosas que puedes llegar a hacer para ayudarte a alcanzar las metas que te has fijado.

CÓMO SACAR A LA LUZ INFORMACIÓN IMPORTANTE

Un método usado con mucha frecuencia para extraer información de la parte más profunda de la mente es el descrito por Bresler (1990). En nuestras vidas cotidianas, la mayoría de nosotros estamos familiarizados con la experiencia que supone el percibir una forma de comunicación procedente de una parte más profunda de nosotros mismos, que normalmente es más sabia. Solemos referirnos a ella empleando las palabras «corazonada» o «intuición». El enfoque de Bresler, conocido como «la técnica del consejero interior», consiste en dar voz y forma a esta sabiduría interior en la imaginación cuando el sujeto se halla en un estado de bienestar y relajación. Haz el ejercicio siguiente a tu ritmo y sin tratar de forzarte.

Ejercicio

1 Cierra los ojos, ponte cómodo y relájate. Si te apetece, puedes visitar tu «lugar especial» de relajación.

2 Permite que tu imaginación visualice a tu consejero interior. (Por ejemplo, cuando hago este ejercicio siempre veo a mi consejero bajo la forma de un sabio anciano muy parecido a un dibujo del mago Merlín que vi en un libro de cuentos hace muchos años. ¡Mi Merlín tiene una larga barba gris y viste una ondulante túnica azul!)

3 Preséntate a tu consejero. Pídele disculpas por no haberle escuchado con más atención en el pasado, y déjale bien claro que te mostrarás más abierto a ese tipo de comunicación en el futuro.

4 Pregúntale a tu consejero si está dispuesto a ayudarte a resolver el problema al que te estás enfrentando en esos momentos. Para evitar cualquier posible confusión mental acerca de la verdadera respuesta del consejero, quizá te resulte útil formular la pregunta cuando dejes escapar el aire (exhalación). La primera respuesta que llegue cuando tragues aire (inhalación) podrá ser considerada como la réplica de tu consejero. No olvides que siempre debes agradecerle las respuestas que te dé.

5 Si la contestación a la pregunta formulada en el paso anterior es afirmativa, puedes pasar a formular cualquier pregunta que te parezca puede ayudarte a comprender con más claridad las posibles razones subyacentes y las «ganancias secundarias» o efectos beneficiosos asociados a tu conducta de ansiedad. A continuación se dan una serie de ejemplos de preguntas que pue-

des plantear a tu consejero. Haz una pausa después de cada pregunta, y deja transcurrir un período de tiempo lo suficientemente largo para que tu consejero pueda responder.

- ¿Cuál es la causa de mi trastorno de ansiedad?
- ¿Qué me ha impedido recuperarme? ¿Existe algún problema subyacente al que debería enfrentarme y resolver? ¿En qué consiste?
- ¿En qué me beneficia mi situación actual, si es que me beneficia de alguna manera?
- ¿Cómo podría conservar esos efectos beneficiosos obteniéndolos de maneras más adecuadas?
- ¿Qué me sugerirías que hiciera para asegurar mi recuperación?
- ¿Existe alguna otra información importante que crees debería conocer? Si existe, ¿de qué se trata?

6 Cuando hayas terminado, agradece a tu consejero la ayuda que te ha prestado.
7 Después ya podrás abrir los ojos y permitirte disfrutar de las sensaciones de calma, relajación y seguridad en ti mismo.

Puede haber ocasiones en las que tu consejero no responda a las preguntas. Una razón para ello podría ser la de que no ha conseguido entender del todo lo que le estás preguntando. En ese caso, quizá te ayude formular la misma pregunta de varias maneras distintas. Si continúas sin obtener respuesta cabe la posibilidad de que tu consejero esté actuando de una manera protectora, y de que no responda a tus preguntas porque cree que no estás preparado para asimilar las réplicas a un nivel consciente. Lo que puedes hacer en ese caso es preguntar a tu consejero qué debes hacer para colocarte en situación de recibir tal información. Si tu consejero insiste en mantener oculta información a un nivel subconsciente, descubrirás que la técnica de la sección siguiente te resulta particularmente útil porque permite trabajar sobre ese tipo de informaciones manteniéndolas fuera del área de la consciencia.

CÓMO NEGOCIAR CON EL SUBCONSCIENTE

Existe otro método que puede ser de utilidad cuando se quiere abordar el área de las «ganancias secundarias» o efectos beneficiosos de una conducta no deseada. Bandler y Grinder (1979) se refieren a la técnica que vamos a describir en esta sección con el nombre de «reenmarcamiento consciente». De acuerdo con las opiniones expresadas en este libro, el método considera que la parte del subconsciente que controla el trastorno de ansiedad ve las conductas resultado del trastorno como lógicas y adecuadas de cara a alcanzar algún propósito o intención positiva en determinada situación o contexto. En consecuencia, y a menos que se consiga encontrar una alternativa mejor para alcanzar ese propósito positivo, esa parte de tu subconsciente hará cuanto pueda para evitar que llegues a estar en condiciones de despedirte de tu trastorno de ansiedad.

Este proceso mental podría compararse con el problema que supone el que haya una montaña interponiéndose entre el sitio en el que estás y el sitio al que quieres llegar. Subir por un empinado camino rocoso puede parecerte la única forma de llegar a tu destino, por lo que podrías empezar a hacerlo. Entonces alguien te muestra un camino distinto y más adecuado que no habías visto: ¡hay un camino que rodea la montaña! Eso te permite obtener los mismos efectos beneficiosos (llegar a tu destino) de una manera mejor, por lo que ahora ya puedes abandonar la conducta original (subir por el empinado camino rocoso).

El ejercicio siguiente te guiará a través de la técnica del «reenmarcamiento consciente» de una manera detallada. Para un resumen del método, véase la figura 9.

Ejercicio

1 Cierra los ojos, ponte cómodo y relájate. Si lo deseas, puedes visitar tu «lugar especial» de relajación.
2 Dirígete a esa parte de tu subconsciente que controla tu trastor-

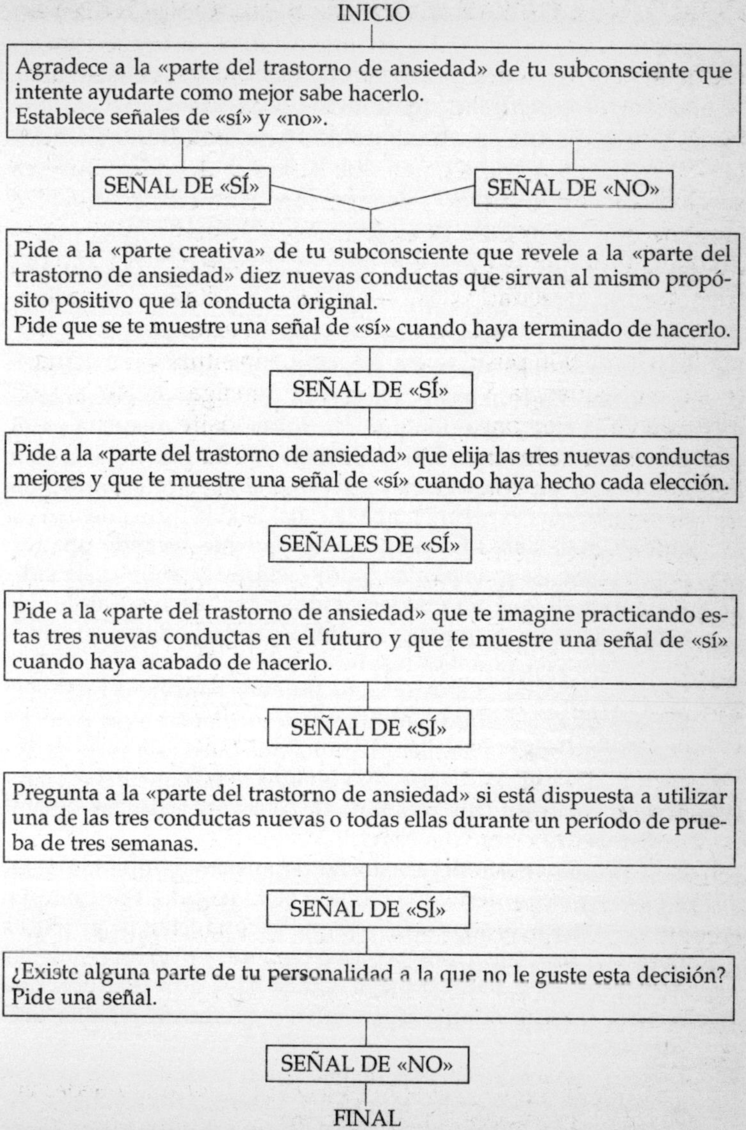

Figura 9 *Resumen del ejercicio de «reenmarcamiento consciente»*

no de ansiedad y agradécele todo lo que ha estado haciendo por ti. (¡Esto puede parecerte una conducta bastante extraña, pero debes recordar que tu subconsciente sólo intenta ayudarte!) Da un nombre a esa parte de tu subconsciente: por ejemplo, a lo largo de este ejercicio me referiré a ella como «la parte del trastorno de ansiedad». Podrías decir: «Me gustaría agradecer a la "parte del trastorno de ansiedad" de mi subconsciente el que esté haciendo todo lo posible para ayudarme».

3 Establece señales de comunicación con la «parte del trastorno de ansiedad» diciendo: «Me gustaría que la "parte del trastorno de ansiedad" se comunicara conmigo dentro de la consciencia. ¿Tendrías la bondad de mostrarme una señal de "sí"?». Mantente lo más abierto y atento posible mientras esperas la respuesta. En muchas ocasiones la señal puede presentarse como una leve sensación que puede ser experimentada en algún lugar del cuerpo. Las respuestas válidas son aquellas que no pueden ser controladas voluntariamente. (Por ejemplo, una de mis clientas experimentaba la señal bajo la forma de un cosquilleo en el labio.) En cuanto notes que has recibido una respuesta, dale las gracias a la «parte del trastorno de ansiedad». Asegúrate de que no puedes producir la misma señal de manera consciente. Si puedes, repite la pregunta hasta que estés recibiendo una auténtica respuesta subconsciente.

4 Vuelve a ejecutar la fase anterior, esta vez para crear una señal de «no» clara y definida. Ahora puedes formular a esa parte de tu subconsciente cualquier pregunta que pueda ser respondida con un «sí» o con un «no». (No olvides nunca que debes agradecer a esa parte más profunda de tu mente todas las señales mostradas a lo largo del ejercicio.)

5 Sugiere a la «parte del trastorno de ansiedad» que las cosas pueden ir mejor de lo que han ido en el pasado. Por ejemplo, podrías decirle lo siguiente: «Sé que la conducta que produces sirve a un propósito muy positivo para mí, y me parece que las cosas podrían ir todavía mejor. Quizá haya otra conducta que serviría al mismo propósito positivo y que puede resultar más adecuada».

6 Tanto si somos conscientes de ello como si no, hay momentos de nuestras vidas en los que todos podemos ser creativos. En esta etapa recurrirás a tu creatividad para que te ayude a resolver tus problemas. Pide a la «parte del trastorno de ansiedad»

que comunique su propósito positivo a la «parte creativa» del subconsciente y que solicite a esta parte que cree diez nuevas conductas que puedan servir a ese mismo propósito positivo. Pide que la «parte del trastorno de ansiedad» te muestre una señal de «sí» en cuanto haya sido informada a ese nivel de en qué consisten las diez nuevas conductas. (Observación: Lo más probable es que no llegues a ser consciente de cuáles son esas nuevas conductas.)

7 Ahora pide a la «parte del trastorno de ansiedad» que elija tres de estas nuevas conductas, asegurándole que son:
   i) Tan buenas como la conducta original o mejores.
   ii) Inmediatas y disponibles.
   iii) Adecuadas para ti dentro del tipo de vida que deseas llevar.
   Solicita recibir una señal de «sí» cada vez que se haya hecho una elección.

8 En cuanto hayas recibido tres señales afirmativas, agradece su esfuerzo y cooperación a la «parte del trastorno de ansiedad» y a la «parte creativa».

9 Pide a la «parte del trastorno de ansiedad» que en el futuro te visualice practicando estas tres nuevas conductas (y que se fije en lo mucho que puede llegar a mejorar tu situación general como resultado de ellas). Sugiérele que puede utilizar una señal afirmativa para indicarte cuándo ha terminado de hacerlo.

10 Pregunta a la «parte del trastorno de ansiedad» si está dispuesta a utilizar una de esas tres conductas nuevas o todas durante un período de prueba de tres semanas. Espera la respuesta.

11 Si la respuesta es «sí», sugiérele que el resultado de este período de prueba podría determinar si las nuevas conductas son asumidas de manera permanente. Si la respuesta es «no», asegura a la «parte del trastorno de ansiedad» que podrá volver a la vieja conducta si no queda satisfecha con los resultados del período de prueba. Si la respuesta sigue siendo «no», puedes volver a ejecutar todo el ejercicio con la parte que no está de acuerdo.

12 Una vez que el período de prueba haya sido aceptado, asegúrate de que esta situación resulta satisfactoria para las otras partes haciendo la siguiente pregunta: «¿Hay alguna parte de mí que no esté satisfecha con la decisión concerniente al período de prueba de las nuevas conductas?». Espera hasta recibir una señal de «no». (Una señal de «sí» puede ser eliminada vol-

viendo a ejecutar todo el ejercicio con la parte que no está de acuerdo.)

13 Abre los ojos y permítete disfrutar de las sensaciones de calma, seguridad y relajación.

Generalmente la identidad de las nuevas conductas asumidas durante un período de prueba se mantiene oculta a un nivel subconsciente, por lo que el saber que sea cual sea la conducta elegida por lo menos será tan buena como la original o mejor evitará que llegues a sentir ninguna inseguridad consciente. Como se ha observado antes de este ejercicio, el hecho de que las nuevas conductas resulten tan adecuadas para obtener el mismo propósito positivo o efectos beneficiosos como la conducta no deseada aumenta considerablemente las probabilidades de que consigas librarte de esa vieja conducta (siempre que el período de prueba concluya con un resultado positivo).

Si la conducta original vuelve a aparecer pasadas las tres semanas de prueba, eso puede significar que las nuevas conductas elegidas no han bastado para satisfacer el propósito o la intención de la «parte del trastorno de ansiedad». En ese caso, habrá que volver a recurrir a la «parte creativa» y pedirle que te proporcione tres nuevas conductas.

CAPÍTULO 9

Otras formas de ayudarte a sentirte libre

La cura de la parte no debería ser intentada sin un tratamiento del todo.
Platón

En este capítulo examinaremos algunas de las muchas formas prácticas de ayudarte a mejorar tu situación como persona que padece un trastorno de ansiedad. Hasta el momento hemos adoptado un enfoque psicológico de la ansiedad. Esto ha incluido exponer maneras de usar tu mente para calmar el cuerpo de una forma activa. La segunda mitad de este capítulo abordará el otro lado de la moneda, y examinará las muchas maneras en que puedes utilizar tu cuerpo en beneficio de tu estado anímico.

IR MÁS DESPACIO

Cuando sientes ansiedad, resulta muy fácil caer en la trampa de «pisar el acelerador» en un intento de poner fin a esas emociones tan desagradables lo más deprisa posible. Pero cuanto más deprisa intentes ir, más probabilidades hay de que la ansiedad se incremente de manera incontrolable. En esos casos, descubrirás que el tomarse las cosas con tranquilidad resulta mucho más útil. Haz cuanto puedas para actuar despacio y con calma, y frena el ritmo de tus pensamientos.

Reducir el número de exigencias que te planteas a ti mismo también puede ser una buena idea. Establece un orden de prioridad en tus actividades, y permítete disfrutar de breves descansos repartidos a lo largo del día. Concédete el tiempo necesario para llegar a concentrarte en actividades que te gusten y que encuentres terapéuticas, como trabajar en el jardín o hacer un pastel.

HABLAR CLARO

El doctor Burns (1990) ha observado que cree que la ansiedad y el pánico tienen su origen en emociones y sentimientos negativos reprimidos. En un razonamiento similar al de la teoría psicoanalítica (véase el capítulo 2), Burns afirma que puedes empezar a sentir ansiedad y pánico cuando te niegas a enfrentarte a los confictos que te están afectando. Cuando te enfrentas a esos problemas, la ansiedad suele disminuir o desaparecer. Esto puede incluir el ser capaz de hablar claro.

Las personas que saben expresarse con claridad y se niegan a callarse las cosas comunican lo que piensan y sienten. Son capaces de decir «no». Al permitir que sus necesidades y problemas lleguen a ser conocidos se enfrentan a los conflictos, no de una manera agresiva, sino de forma cortés y firme. Eso hace que tanto sus derechos como los de los demás sean respetados. En vez de esperar que los demás sean capaces de leerles los pensamientos, esas personas saben lo que quieren y son capaces de asumir la responsabilidad que eso supone.

El hablar claro, al igual que cualquier otra habilidad, puede ser aprendido y practicado. Si te parece que necesitas ayuda para mejorar tus capacidades de comunicación, ¿por qué no te matriculas en un curso de autoexpresión?

PERDONARTE A TI MISMO Y A LOS DEMÁS

Saber perdonar es una de las virtudes más importantes que debes llegar a adquirir para convertirte en una persona más serena. Cuando te niegas a perdonar sufres, ¡y en muchas ocasiones el «ofensor» ni siquiera se entera de qué tormentos te estás infligiendo a ti mismo! Las personas a las que no quieres perdonar siguen disfrutando de la vida mientras que tú te vas cargando de emociones y sentimientos negativos. Echar la culpa a los demás no sirve de nada.

A veces perdonarte a ti mismo puede resultar todavía más difícil que perdonar a los demás. Si no te has perdonado a ti mismo por algo que hiciste en el pasado, debo decirte que ya has sufrido lo suficiente. ¿En qué va a mejorar la situación el prolongar la agonía? Puedes elegir entre encadenarte al trauma del pasado o seguir adelante con tu vida.

VIVIR EN EL AHORA

Muchas personas hacen cuanto pueden para retrasar la felicidad: «¡Cuando ocurra tal cosa y tal otra, *entonces* seré feliz!». Bueno, ¿y qué pasa con el presente? No sabemos de cuánto tiempo disponemos para estar en este planeta y no creo que esto sea un ensayo general, así que ¿por qué no aprovechar al máximo cada momento? El doctor Stanton (1983) recomienda considerar cada día como una vida en sí misma que va desde el momento en que te despiertas hasta el momento en que te vas a dormir. Tú puedes moldear esa vida como te apetezca.

Recuerda que sólo cuentas con el ahora: el pasado ya quedó atrás, y el futuro aún no ha llegado. Hagas lo que hagas, disfruta del momento presente.

LLEVAR UN DIARIO

Vivir en el ahora resulta mucho más fácil si eres capaz de pensar con claridad. Haz una limpieza mental y pon un poco de orden en tu cerebro usando un diario para anotar lo que necesitas recordar. También puedes decidir usar un diario para ir controlando los progresos que haces con el paso de las semanas a medida que vas practicando los contenidos de este libro. Por ejemplo, podrías anotar esas situaciones o incidentes a los que te parece que estás sabiendo enfrentarte de forma más serena a como lo habías hecho en el pasado. Poner por escrito los resultados beneficiosos puede ayudarte a mantener la motivación y animarte a seguir trabajando sobre tu mente.

CAMBIAR DE COMPAÑÍAS

En general todos somos muy susceptibles a la influencia de las personas que nos rodean. Las amistades con personas positivas te enseñan a ser positivo, pero lo que aprendes de la amistad con personas negativas es cómo ser negativo. Decide qué quieres obtener de tu vida, y elige después a tus amistades guiándote por lo que hayas elegido.

REÍRSE

Norman Cousins (1979) cuenta cómo se ayudó a sí mismo a recuperarse de una enfermedad incapacitante utilizando la risa como medicina principal. La risa te ayuda a librarte de las emociones negativas. Enfrentarse a la ansiedad y los problemas usando el humor puede enriquecer considerablemente tu vida. Lee libros y ve películas que te hagan reír. Escucha chistes. ¡Tómate realmente en serio el humor!

VIGILAR LO QUE COMES

Lo que comes puede tener un papel importante tanto en el incremento como en la disminución de los síntomas de ansiedad. La lista de alimentos que habría que evitar podría incluir los siguientes:

- Alimentos azucarados (aquellos que contienen azúcar simple, como los pasteles, las galletas y los helados)
- Cafeína (se encuentra en el café, el té negro, los refrescos y el chocolate)
- Productos lácteos (como el queso, el yogur y la leche)
- Alcohol

Una dieta bien equilibrada que incluya fruta y verduras frescas, nueces, féculas, pescado, carne y volatería (con moderación) puede ayudarte a conseguir que tu cuerpo sea más capaz de soportar el estrés. Los alimentos ricos en complejos de vitamina B, vitamina C, vitamina E, magnesio, potasio, calcio, cinc y fósforo (véase la figura 10) se consideran muy útiles para aliviar el estrés. La camomila, el bálsamo de limón, el laurel y el extracto de bayas también son conocidos por su efecto calmante. (Advertencia: si ya estás tomando algún fármaco, consulta con tu médico.)

Ser consciente de que lo que comes puede afectar a tu estado anímico te será de una gran ayuda. Lo que comes puede cambiar de una manera muy significativa lo que sientes. Ve sustituyendo gradualmente los «alimentos que producen ansiedad» por alimentos más sanos.

HACER EJERCICIO

La reacción «luchar o huir» moviliza reservas de energía en el cuerpo como preparativo para la acción. Pero muchas personas «conservan la tensión», por lo que esto puede dar como resultado que los músculos acaben almacenando un exceso de energía bajo la forma de un incremento del tono muscular. El ejercicio puede proporcionar un medio de disipar esta tensión, y también tiene la función benéfica añadida de liberar endorfinas en la sangre (las «hormonas que te hacen sentirte bien» producidas de manera natural por el cuerpo), las cuales podrían explicar la sensación de bienestar que se puede experimentar después de hacer ejercicio.

Vitamina/Mineral	*Mejor fuente alimentaria*
Vitamina B	Levadura
	Carne
	Cereales integrales
	Proteínas vegetales (por ejemplo la soja)
Vitamina C	Casi toda la fruta
	Verduras
	Hígado
	Riñones
	Patatas
Vitamina E	Casi todos los aceites vegetales
	Nueces
	Semillas
	Lechuga
Magnesio	Nueces
	Soja
	Cereales integrales
	Hortalizas de hoja
Potasio	Fruta fresca
	Verduras
	Cereales integrales
Calcio	Hortalizas de hoja
	Productos lácteos
	Nueces
	Judías
	Lentejas
Cinc	Nueces
	Patatas
	Centeno
	Avena
	Ajo
Fósforo	Nueces
	Cereales integrales
	Carne, pescado y volatería
	Legumbres

Figura 10 *Alimentos ricos en vitaminas/minerales que se considera ayudan a aliviar el estrés*

Como se ha explicado antes, relajarse mentalmente resulta mucho más fácil cuando tu cuerpo ya está relajado. Además, el concentrarse en lo que estás haciendo mientras te ejercitas suele apartar la atención de las tensiones y preocupaciones de la vida. El doctor Egil Martinsen (1990), al repasar la literatura actual sobre el tema, llegó a la siguiente conclusión: «Los datos disponibles indican que el ejercicio físico regular merece tener un lugar en los programas de tratamiento global de la ansiedad y la depresión».

Antes de que te embarcaras en un programa de ejercicio regular te recomendaría que hablaras con tu médico. Las personas que sufren ataques de pánico deberían ser conscientes de que algunos de los efectos del ejercicio (la respiración acelerada, por ejemplo) pueden recordarles los efectos de los ataques. No fuerces el ritmo, y ve acostumbrándote poco a poco a hacer ejercicio.

OBSEQUIARTE CON UN MASAJE

Otro método de disipar la tensión acumulada por el estrés es a través del contacto. Un buen masaje puede relajar los músculos rígidos, aliviar dolores y molestias y mejorar la circulación. Te recomiendo que te obsequies a ti mismo con un masaje profesional siempre que puedas permitírtelo. Entre visita y visita al masajista profesional, tal vez una amistad o relación del trabajo pueda hacerte ese favor.

También puedes practicar algunas técnicas de «automasaje». Por ejemplo, para aliviar un dolor de cabeza o una sensación de malestar general tal vez desees utilizar la siguiente técnica: usando movimientos de acariciamiento suaves, empieza por el centro de la frente y sigue en dirección a la sien y luego ve subiendo hacia el nacimiento del cabello, con una mano siguiendo a la otra.

USAR LA DIGITOPUNTURA

La ansiedad y sus síntomas físicos también pueden ser aliviados de manera transitoria mediante la digitopuntura, que consiste en la aplicación de presión a determinados puntos de acupuntura del cuerpo. La medicina tradicional china cree que la energía (o Qi) circula por todo el cuerpo a través de canales llamados meridianos. En el estado de salud esta energía fluye de manera regular sin encontrar obstáculos, pero durante la enfermedad se desequilibra. Al igual que ocurre con la acupuntura, el objetivo de la digitopuntura es tratar este desequilibrio y restaurar un flujo armonioso de energía en el cuerpo.

Por ejemplo, un dolor de cabeza relacionado con el estrés, que se extiende desde la nuca hasta la parte superior de la cabeza, puede ser aliviado utilizando los pulgares para ejercer presión sobre dos puntos en la base del cráneo. Como se puede ver en la figura 11, estos puntos se encuentran en la unión del cuello y el cráneo a cada lado de la prominencia ósea (protuberancia occipital externa). Mantén la presión durante cinco minutos, o hasta que notes un alivio en el dolor de cabeza. El dolor de cabeza frontal puede ser aliviado usando la digitopuntura a cada lado de la sien, en el hueco que se encuentra justo encima y por la parte de fuera de la ceja (véase la figura 12).

Las palpitaciones pueden ser frenadas dando masaje sobre el seno de la carótida, que se puede localizar con facilidad en el cuello justo por detrás del ángulo de la mandíbula, allí donde está el pulso. Dar masaje en ambos lados como muestra la figura 13 hará que el corazón lata más despacio. Las náuseas se pueden aliviar aplicando presión sobre un punto situado aproximadamente a dos dedos de la raya de la muñeca siguiendo una línea imaginaria entre los tendones por el lado de la palma abierta (véase la figura 14): masajea el punto de la derecha con la mano izquierda y viceversa, dando masaje durante unos cuantos minutos en cada punto. (Se pueden adquirir muñequeras con protuberancias espe-

Figura 11 *Puntos para aliviar el dolor de cabeza producido por el estrés que se extiende desde la nuca hasta la parte superior de la cabeza*

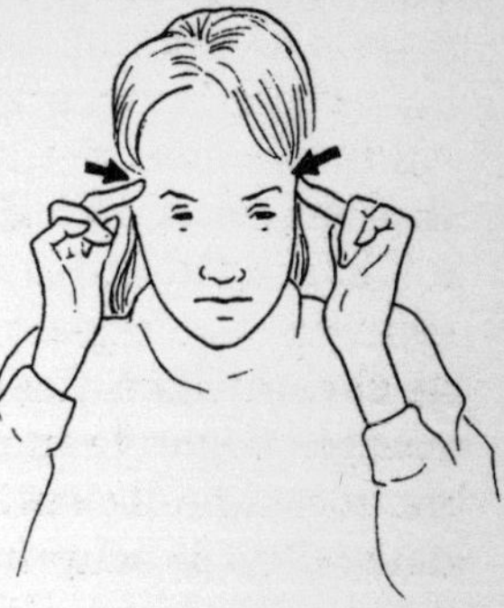

Figura 12 *Puntos para aliviar el dolor de cabeza frontal*

Figura 13 *Punto para aliviar las palpitaciones*

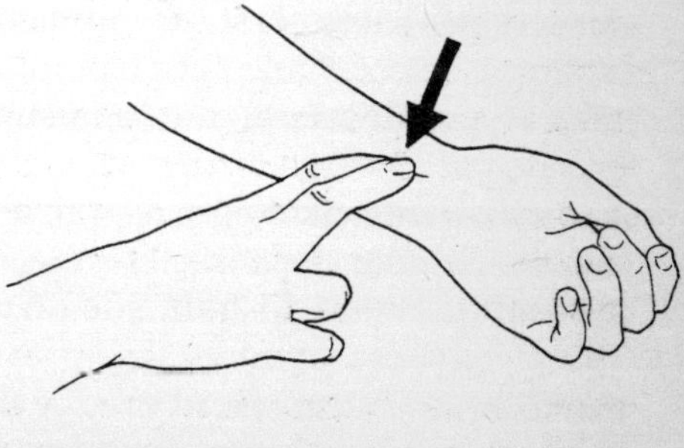

Figura 14 *Punto para aliviar las náuseas*

ciales que sirven para controlar los vértigos y las náuseas cuando se colocan sobre este punto.)

SER CONSCIENTE DE TU POSTURA Y TU EXPRESIÓN FACIAL

En el capítulo 4 ya se comentó hasta qué punto los pensamientos negativos pueden influir de manera perjudicial sobre tu estado de ánimo. Tu fisiología también puede tener un efecto directo sobre lo que sientes. Fue William James, un famoso psicólogo que enseñó en Harvard a finales del siglo pasado, quien defendió por primera vez la teoría de que las emociones que sentimos son el resultado de nuestra percepción de cambios producidos en el cuerpo.

Hagamos un experimento. Inclina los hombros, ponte serio y mira hacia abajo durante unos 20 segundos. ¿Cómo te sientes? Me atrevería a decir que tu estado de ánimo ha empeorado ligeramente. De manera similar, si te mantienes erguido en tu asiento, sonríes y miras hacia arriba, probablemente notarás una obvia mejora en tu estado de ánimo. Haz la prueba.

La aceptación de que los cambios corporales producen cierto efecto sobre el estado anímico se refleja incluso en nuestro lenguaje cotidiano (por ejemplo, cuando decimos que estamos bajos de moral, o que la suerte nos sonríe). Así pues, la próxima vez que te sientas abatido sin que parezca haber razón aparente para ello, examina tu postura y tu expresión facial y altéralas de la manera adecuada para que te ayuden a cambiar tu estado de ánimo de una manera positiva.

Trabajar con tu cuerpo al mismo tiempo que trabajas con tu mente puede ayudarte a sentirte mejor física y mentalmente. Cuidar mejor de ti mismo en general puede ayudar a hacer que te sientas más capaz de dirigir tu vida. ¡Saber que hay muchas cosas que puedes hacer para mantener a raya la ansiedad es un gran consuelo!

CAPÍTULO 10

La ayuda de profesionales y de las amistades

Los seres humanos temen ser humillados y vencidos por las emociones más de lo que temen a la muerte [...]. El verdadero valor consiste en atreverse a sentir la increíble vulnerabilidad que lleva consigo el ser humano.

Tom Rusk y Randy Read

Aunque utilices la autoterapia, de vez en cuando quizá creas conveniente buscar apoyo, orientación y ayuda adicionales. Si tus problemas son particularmente graves, tal vez prefieras no esperar más tiempo antes de hacerlo. En este capítulo exploraremos brevemente la ayuda disponible.

TRATAMIENTO MÉDICO

Como se ha indicado en el capítulo 2, la terapia con fármacos nunca debería ser usada como sustituto del asesoramiento profesional o de la psicoterapia en el control de la ansiedad y los trastornos relacionados con ella. Sin embargo, eso no supone que se deba pasar por alto el hecho de que hay ciertas circunstancias en las que la medicación resulta adecuada. Por ejemplo, si los síntomas de ansiedad son tan intensos que una persona no puede seguir adelante con sus actividades cotidianas normales, la terapia con fármacos puede resultar útil siempre que no se prolongue en exceso.

El consumo de dosis elevadas y el uso prolongado de muchos de los fármacos habitualmente prescritos para el tratamiento de la ansiedad pueden producir efectos secundarios nocivos e, incluso, adicción. En consecuencia, antes de aceptar la medicación sería conveniente que hablaras con tu médico de una serie de temas, entre los que habría que destacar los siguientes:

- ¿Cuáles son los efectos secundarios peligrosos que puede tener la medicación?
- ¿Cuáles son sus posibles efectos beneficiosos?
- ¿Existe alguna limitación a las actividades normales de la que deberías estar informado? (Por ejemplo, si es probable que la medicación te dé sueño, no deberías conducir.)
- ¿Durante cuánto tiempo planea tu médico mantenerte bajo medicación? ¿Es consciente de la posibilidad de que sufras un síndrome de abstinencia, y sabrá evitarlo?

Si estás tomando medicación, consulta con tu médico antes de reducir las dosis o dejar de tomarlas. Es vital que lo hagas de manera gradual para así reducir las probabilidades de que sufras un síndrome de abstinencia.

Hasta la década de los sesenta, la ansiedad era tratada (y eso suponiendo que lo fuera) básicamente con barbitúricos. Pero estos fármacos acabaron adquiriendo muy mala reputación debido a sus efectos secundarios nocivos y al peligro de sobredosis que presentan. Actualmente se utilizan tres clases de fármacos para controlar la ansiedad: los tranquilizantes secundarios (agentes ansiolíticos), los antidepresivos y los betabloqueantes. A continuación examinaremos brevemente cada una de ellas.

Tranquilizantes secundarios (agentes ansiolíticos)

Los fármacos basados en la benzodiacepina –como por ejemplo el clordiazepóxido, el diazepam y el lorazepam–

están incluidos en esta categoría. En la actualidad son la medicación más ampliamente recetada para el tratamiento de la ansiedad. Las benzodiacepinas actúan deprimiendo el sistema nervioso central, particularmente esa parte del cerebro que se encuentra bajo control involuntario (el sistema límbico).

Las benzodiacepinas se diferencian unas de otras por la duración de su acción y el grado relativo de sedación que producen. En consecuencia, algunas se utilizan como píldoras para dormir, mientras que otras como fármacos antiansiedad. En ambas situaciones sólo se aconseja un uso corto (dos semanas o menos). El uso prolongado puede hacer que el individuo acabe dependiendo del fármaco, y la medicación también puede empezar a perder su efecto positivo (sedación o ansiólisis). Los efectos secundarios pueden incluir fatiga, somnolencia, confusión y efectos del tipo «resaca». En algunos casos, los mismos síntomas que deseas tratar pueden aparecer como reacción a los fármacos. Por lo tanto, en algunas ocasiones la ansiedad puede incrementarse antes de que se note alguna mejoría.

Fármacos antidepresivos

Muchos pacientes que sufren ansiedad son medicados con antidepresivos porque se considera que existe una considerable similitud entre la depresión y los trastornos de ansiedad. De entre el gran número de antidepresivos disponibles los prescritos con más frecuencia son los antidepresivos tricíclicos, como la amitriptilina, la imipramina, la doxepina, la nortritptilina y el omeprazol. Un grupo desarrollado hace poco tiempo que tiende a producir menos efectos secundarios que los antidepresivos tricíclicos incluye fármacos como el Prozac (clorhidrato de fluoxetina) y el Seroxat (paroxetina).

Se cree que los antidepresivos actúan incrementando el nivel de ciertos neurotransmisores (sustancias químicas que permiten la transmisión de mensajes de una célula nerviosa a otra y que, en consecuencia, producen profundos efectos sobre el estado de ánimo, el apetito, etc.) en el cerebro. Los antidepresivos tricíclicos pueden tardar hasta dos semanas en producir un efecto beneficioso. Los efectos secundarios son comunes y pueden incluir somnolencia, sequedad de boca, visión borrosa, dificultad para orinar, estreñimiento, palpitaciones, irregularidades del ritmo cardíaco y, ocasionalmente, temblores en las manos. Generalmente, la ansiedad y los síntomas depresivos mejorarán de manera conjunta, aunque en algunos casos la ansiedad puede perdurar durante algún tiempo después de que la depresión se haya disipado. A diferencia de las benzodiacepinas, estos fármacos no producen adicción física.

Betabloqueantes

Los betabloqueantes son de uso común en el control de la ansiedad. Actúan ayudando a reducir la hiperactividad del sistema nervioso simpático (la parte del sistema nervioso responsable de la respuesta «luchar o huir») y, en consecuencia, tienden a inhibir algunas de las manifestaciones físicas de la ansiedad (por ejemplo, el sonrojamiento, el temblor y las palpitaciones). Esto puede ayudar a romper la espiral autoperpetuante de la ansiedad descrita en el capítulo 1 (donde una interpretación equivocada de las manifestaciones físicas incrementa los niveles de ansiedad que, a su vez, incrementan las manifestaciones físicas).

Uno de los betabloqueantes recetados con más frecuencia es el propranolol. Los efectos secundarios pueden incluir mareos, fatiga, somnolencia, náuseas y disminución de la presión arterial. La medicación regular con este fármaco puede acabar produciendo los efectos de un síndrome de abstinencia si no se abandona de manera gradual.

Un fármaco relativamente nuevo que no pertenece a ninguna de las categorías anteriores es el BuSpar (clorhidrato de buspirona). Este fármaco se está convirtiendo en la elección más popular para muchas personas que sufren trastorno de ansiedad generalizada. Se cree que actúa en puntos receptores específicos del cerebro. Este fármaco no produce adicción física y no causa excesiva somnolencia. Los efectos secundarios, sin embargo, pueden incluir mareos, insomnio y nerviosismo.

PSICOTERAPIA

La ansiedad irracional suele tratarse por alguien que posea experiencia en psicoterapia. Tal vez desees hablar con tu médico para que te remita a un terapeuta, o quizá prefieras buscarlo por tu cuenta. Es importante que te asegures de que encuentras a un verdadero profesional. Los terapeutas varían considerablemente de unos a otros en lo referente a la duración y calidad de sus estudios, por lo que los puntos más importantes sobre los que debes informarte antes de ponerte en manos de un terapeuta son:

- ¿Durante cuánto tiempo estuvo estudiando, y qué cualificaciones posee?
- ¿Dispone de licencia oficial para actuar como psicoterapeuta? ¿A qué organizaciones está afiliado?
- ¿Cuánto tiempo lleva en activo?
- ¿Cuál es su política habitual sobre el pago por sesiones? (Yo tendría ciertas dudas sobre cualquier terapeuta que pretenda cobrar un número determinado de sesiones por anticipado. Al comienzo del tratamiento, lo normal es que un terapeuta no pueda determinar con exactitud cuántas sesiones serán necesarias.)
- ¿Posee experiencia en el campo de los trastornos de ansiedad?

El trabajo inicial incluirá compilar tu historial, evaluar tus síntomas y decidir, de forma conjunta, cuál es la mejor manera de enfocar tu tratamiento. El terapeuta trabajará contigo en la confrontación y resolución de cualquier posible situación o problema subyacente que esté causando o manteniendo tus síntomas, y te enseñará cómo cambiar los pensamientos y las creencias que no te ayudan a mejorar. Los períodos de tratamiento variarán de una persona a otra, ya que son estructurados de acuerdo con las necesidades específicas del individuo. Además de confiar en las cualificaciones profesionales del terapeuta, el que te caiga bien como persona y te sientas a gusto en su compañía también es muy importante para el éxito de tu tratamiento.

FAMILIA Y AMISTADES

Un aspecto muy importante del tratamiento de la ansiedad es ser capaz de hablar de ella y, si es necesario, poder llegar a pedir ayuda a quienes te rodean. Algunos problemas que en realidad son menos complicados de lo que parecen a primera vista pueden ser resueltos con más facilidad después de haber hablado con una persona que esté dispuesta a escucharte. Sin embargo, a veces, y por extraño que ello pueda parecer –y particularmente en el caso de las fobias–, un exceso de ayuda, amabilidad y apoyo por parte de quienes te rodean puede en la práctica agravar el problema en vez de aliviarlo.

Si la cantidad de este tipo de ayuda puede ser restringida adecuadamente, puede concederte más «espacio vital», como persona que padece una fobia, para que vayas adquiriendo confianza en ti mismo y puedas ir desarrollando un sentido de la independencia personal a medida que te vas enfrentando con tus emociones negativas. La falta de atención es tan contraproducente como el exceso de protección. Asimismo, las personas que te rodean deberían evitar hacerte preguntas del estilo de «¿Te encuentras bien?» o «¿Crees que serás capaz de aguantarlo?», ya que esas preguntas dirigen la atención hacia cualquier síntoma que pueda haber presente en ese momento.

Tal vez sería conveniente que tu familia y tus amistades leyeran este libro para que conocieran las formas en que estarás trabajando sobre ti mismo y pudieran ayudarte en tus esfuerzos. Esas personas pueden mantenerte tranquilo, animado y motivado durante todo tu viaje.

ORGANIZACIONES DE AUTOAYUDA

Muchas personas encuentran útil hacerse miembros de grupos no profesionales de individuos que han tenido problemas similares a los suyos. Además de utilizar el servicio de información que suelen proporcionar esas organizaciones, pueden trabar amistad con otros miembros que pueden compartir con ellos experiencias comunes y consejos prácticos sobre cómo enfrentarse a sus problemas. Si la organización tiene como meta superar los problemas y encontrar soluciones en vez del mero «intercambio de quejas», ese tipo de apoyo puede resultarte muy beneficioso.

REFLEXIONES FINALES

Enfrentarse a un trastorno de ansiedad puede ser una experiencia muy solitaria que te aísla de los demás. Pero no debes olvidar que tu caso no es único, y que eres una más de las muchas personas que padecen estos trastornos. Deseo que este libro pueda servirte de apoyo y de guía mientras vas avanzando hacia la curación. Selecciona los conceptos que te den mejor resultado, y ve desarrollando gradualmente tu plan de tratamiento.

Tal como se ha explicado en el capítulo 3, para convertirte en esa persona más serena que deseas llegar a ser antes debes *querer* cambiar y estar decidido a hacer el esfuerzo necesario. Las varitas mágicas no existen: todo depende de ti. Así pues, ¿vas a dejar que tu vida siga como hasta ahora, o vas a actuar de una manera positiva? Te deseo la mejor de las suertes.

Nunca se te da un deseo
sin darte al mismo tiempo
el poder de hacerlo realidad.
Pero quizá debas luchar para conseguirlo.

Richard Bach

Bibliografía

Bach, R., *Illusions. The Adventures of a Reluctant Messiah*, Pan Books, 1977.

Bandler, R., *Using Your Brain for a Change*, Real People Press, 1985.

Bandler, R., y Grinder, J., *Frogs into Princes. Neuro-Linguistic Programming*, Eden Grove, 1979.

Bowlby, J., *Separation, Attachment and Loss, Vol. 2.*, Nueva York: Basic Books, 1973.

Bresler, D. E., *Meeting an Inner Adviser*, en: D. C. Hammond (Ed), *Handbook of Hypnotic Suggestions and Metaphors*, An American Society of Clinical Hypnosis Book, W. W. Norton Co, 1990.

Burns, D. D., *The Feeling Good Handbook*, A Plume Book, 1990.

Caddy, E., *The Dawn of Change*, Findhorn Press, 1979.

Clark, D. M., Salkovskis, P. M., Hackmann, A., Middleton, H., Anastasiades, P., y Gelder, M., *A Comparison of Cognitive Therapy, Applied Relaxation and Imipramine in the Treatment of Panic Disorder*, British Journal of Psychiatry, 164, pp. 759-769, 1994.

Coleman, V., *Stress and Relaxation*, Hamlyn, 1993.

Collier, J., (Ed), *Psychological Treatment for Anxiety - An Alternative to Drugs?*, Drug and Therapeutics Bulletin, The Independent Review for Doctors and Pharmacists from Consumer's Association, 31, pp. 73-74, 1993.

Coryell, W., y Winokur, G., *The Clinical Management of Anxiety Disorders*, Oxford University Press, 1991.

Cousins, N., *The Anatomy of an Illness*, W. W. Norton, Nueva York: 1979. (Edición española: *Anatomía de una enfermedad*, Kairós, Barcelona, 1993.)

Ellis, A. A., y Harper, R. A., *A Guide to Rational Living*, Institute for Rational Living, California, 1962.

Eriksson, B. O., Mellstrand, T., Peterson, L., Remstrom, P., y Svedmyr, N., *Sports Medicine, Health and Medication*, Guinness Publishing, 1990.

Gawain, S., *Creative Visualization*, Bantam Books, 1982.

Hambly, K., *Banish Anxiety*, Thorsons, 1991. (Edición española: *Vence la ansiedad*, Edaf, Madrid, 1992.)

Hay, L. L., *The Power Is Within You*, Eden Grove, 1991. (Edición española: *El poder está dentro de ti*, Urano, Barcelona, 1991.)

Holmes, T., H., y Rahe, R. H., *The Social Re-adjustment Rating Scale*, Journal of Psychosomatic Research, 11, pp. 213-218, 1967.

Jacobson, E., *Progressive Relaxation*, Chicago: University of Chicago Press, 1938, 1974.

James, W., *The Principles of Psychology*, Nueva York: Holt, 1890.

Jeffers, S., *Feel the Fear and Do It Anyway*, Arrow Books, 1991. (Edición española: *Aunque tenga miedo, hágalo igual*, Robinbook, Barcelona, 1994.)

Jencks, B., *Methods of Relaxed Breathing*, en: D. C. Hammond (Ed), *Handbook of Hypnotic Suggestions and Metaphors*, An American Society of Clinical Hypnosis Book, W. W. Norton Co, 1990.

Kabat-Zinn, J., Massion, A. O., Kristeller, J., Peterson, L. G., Fletcher, K. E., Pbert, L., Lenderking, W. R., y Santorelli, S. F., *Effectiveness of a Meditation - Based Stress Reduction Program in the Treatment of Anxiety Disorders*, American Journal of Psychiatry, 149, pp. 936-943, 1992.

Lazarus, R. S., y Folkman, S. *Stress, Appraisal and Coping*, Nueva York: Springer, 1984. (Edición española: *Estrés y procesos cognitivos*, Martínez Roca, 1986.)

Martinsen, E. W., *Physical Fitness, Anxiety and Depression*, British Journal of Hospital Medicine, 43: 194-199, 1990.

Pavlov, I. P., *Conditioned Reflexes*, Oxford University Press, 1927. (Edición española: *Los reflejos condicionados: lecciones sobre la función de los grandes hemisferios*, Círculo de Lectores, Barcelona, 1995.)

Peiffer, V., *Positive Thinking*, Element Books, 1994.

Prather, D. C., *Promoted Mental Practice as a Flight Simulator*, Journal of Applied Psychology, 57, pp. 353-355, 1973.

Roger, J., y McWilliams, P., *You Can't Afford the Luxury of a Negative Thought*, Thorsons, 1991.

Rusk, T., y Read, R., *I Want to Change but I Don't Know How. A Step-by-step Programme for Mastering Life*, Thorsons, 1990.

Sheehan, E., *Health Essentials: Self-Hypnosis, Effective Techniques for Everyday Problems*, Element Books, 1995.

Snaith, P., *Clinical Neurosis, Second Edition*, Oxford University Press, 1991.

Stafford-Clark, D., Bridges, P., y Black, D., *Psychiatry for Students, Seventh Edition*, Unwin Hyman, 1990.

Stanton, H. E., *A Guide to More Relaxed Living. The Stress Factor*, MacDonald Optima, 1983.

Watson, J. B., y Rayner, R., *Conditioned Emotional Reactions*, Journal of Experimental Psychology, 3, pp. 1-16, 1920.

Yerkes, R. M., y Dodson, J. D., *The Relation of Strength of Stimulus to Rapidity of Habit-formation*, Journal of Comparative and Neurological Psychology, 18, pp. 459-482, 1908.

Índice temático